BARBARA SICHTERMANN

Weiblichkeit

Zur Politik des Privaten

Verlag Klaus Wagenbach Berlin

Wagenbach: Taschenbuch 194

5.–7. Tausend im April 1993
Neuausgabe 1991

Umschlaggestaltung von Rainer Groothuis unter Verwendung
eines Fotos von Irving Penn
Das Karnickel auf Seite 1 zeichnete Horst Rudolph
Gesamtherstellung durch die Druckerei Wagner, Nördlingen

ISBN 3 8031 2194 9

Inhalt

Vorwort

Daß das Private politisch sei, war eine Parole der Studentenbewegung; heute geht es eher darum, die letzten Residuen öffentlichen Lebens vor zunehmender Intimisierung zu bewahren. 1968 wurden Familien- und Liebesleben dem Schutz der Privatsphäre enthoben und der ›politischen Diskussion‹ überantwortet; heute rückt man umgekehrt Konflikten von globalem und endzeitlichem Ausmaß mit Herzblut zu Leib. Eine Balance zwischen den Ansprüchen der Einzelnen und der Öffentlichkeit, das je sie Betreffende entweder vertraulich zu behandeln oder offenzulegen, ist schwer zu errichten. Wahrscheinlich geht es nicht anders, als ex post zu korrigieren und immer da, wo der Privatismus oder die öffentliche Neugier sich imperialistisch gebärden bzw. zu verkümmern drohen, gegenanzudenken.

Daß das Private politisch sei – das war in der Studetenbewegung eine Forderung zugleich der politischen Menschen und der privaten Leute: man wollte einen gemeinsamen Begriff für die Vergesellschaftungsprozesse finden, die die inneren Angelegenheiten des Individuums schleifen (im doppelten Sinn von zugrunde- und zurechtrichten), und man wollte anhand dieses Begriffs draußen etwas verändern. Es war eine Zeit, in der das Glück der Einzelnen nicht vom Zufall oder vom Diebstahl am ›Ganzen‹ erwartet wurde, sondern als Frucht und Reflex eines anderen Glücks: des ›public happiness‹. Wenn heute umgekehrt die gesellschaftlichen Zustände daran gemessen werden, wie das Innenleben der/des Einzelnen auf sie antwortet, dann findet sich da noch ein Strang jener alten Diskussion, die um die Abhängigkeit des persönlichen Wohlergehens von den Umständen wußte – es fehlt jedoch der Gegenzug: die Rückbindung des Sich-besser-Fühlens, der Subjektivität, an eine ›verbesserte‹, d. h. ansatzweise wenigstens durchschaute und so auch beeinflußbare Objektivität. Private ›Befreiungen‹, persönliche Besserstellungen sind immer erwünscht, aber sie sind selten umsonst. Klaren Gewissens und guten Bewußtseins zu haben sind sie nur um den Preis einer Anstrengung: der Anstrengung, die es kostet, um gesellschaftliche Zustände, von denen privates Glück oder Unglück abhängt, zurechtzurücken.

Die ›harten‹ politischen Themen wie Krieg und Frieden, Ökologie und Arbeit, haben ihre mobilisierende Wirkung behalten oder neu erworben; die ›softeren‹ wie Kritik an der Familie, Kinder, Sexualität und Geschlechterverhältnis sind teils von der Therapiebewegung geschluckt worden, teils hinter einer Mauer von nervöser Resignation verschwunden. Einzig in der Frauenbewegung hat der alte Anspruch, das Private politisch zu diskutieren, überlebt.

Kein Wunder. Für die Frauen ist der Privatbereich immer noch deshalb unmittelbar Politikum, weil *er* sie nicht entlassen will, weil *sie* die Zuständigkeit für ihn nicht loswerden. Frauen, die mehr wollen als Familienleben, politisieren – auch ohne es unmittelbar im Sinn zu haben – das Private durch jeden Schritt, den sie darüberhinaus tun, eine Frau im Parlament, auf einer Tribüne – das ist die Veröffentlichung von etwas so Privatem wie einem weiblichen Mund oder einem Rocksaum; je mehr Frauen außerhalb des Hauses die Welt an ihren Phänotyp gewöhnen, desto eher wird die Gleichsetzung von Weiblichkeit und Privatheit abgeschafft, desto weniger leicht wird es dazu kommen, daß das Private schon deshalb politisiert erscheint, weil eine Frau an die Öffentlichkeit tritt. Und der geradeste Weg, das zu erreichen: die Gleichsetzung von Weiblichkeit und Privatheit aufzuheben, ist eine solche Frauenarbeit und Frauenwirkung außerhalb des Hauses, die das Politische nicht auf den Privatbereich zurückführt.

Nun bleibt aber noch das Privatleben auch der emanzipierten und emanzipierenden Frauen, es bleibt ihr persönliches Dasein und das aller übrigen, soweit es unter feministischer Perspektive zu Kritik und Kommentar herausfordert. Auch hier hat die Frauenbewegung den Elan der 68er Zeit geerbt. Sie versteht es noch, das Intim-Private so auf Gesellschaft, auf ihre Geschichte, ihre Bräuche, ihre Moral und ihre Politik zu projizieren, daß mit dem Begreifen, wie das alles gekommen, sich eine Ahnung, wie es zu ändern sei, entwickeln kann. Die politische Diskussion um das Private – von der Abtreibung bis zum Konzept der ›weiblichen Sexualität‹ – gehört zu den größten Erfolgen der feministischen Bewegung. Mit ihrer bravourösen Insinstenz auf der politischen Dimension dieser Konflikte hat sie obendrein in der Zeit der ›Trendwende‹ und der ausufernden Verpersönlichung individuellen Unglücks durch die Therapiebewegung ein gewisses Verdienst um die so nötige und so bedrohte Treue zum politischen Diskussionsvermögen erworben. Das sie Umgebende jedoch, die Reprivatisierung des Privaten, der Übergriff des intimen Anspruchs auf Öffentlichkeit und politische Sphäre – diese Inversion der einst politischen Debatte hat auch die Frauenbewegung bzw. ihre Auseinandersetzung mit den Themen des privaten Lebens nicht verschont. Ihr fehlte und fehlt der Streit mit Niveau. Sie hat nicht genug gegenhaltende Diskussionspartner/innen mehr, nicht mehr genug ›Warum‹-Frager/innen, die sie zur Kontrolle und Kritik ihrer Thesen anhielten. So geriet die Frauenbewegung durch den Druck der Umstände mit ihren Entwürfen und Programmen gefährlich in die Nähe einer stumpfen Dogmatik. Das ist, wie gesagt, zum allerwenigsten ihre Schuld: auch die gedankenreichste Neuerin vermag auf die Dauer nichts gegen öffentliche Indolenz – die teils eh zu allem ja sagt, teils mauert, teils abwinkt. Wenn eine soziale Bewegung Erfolg hat – und die Frauenbewegung hat viel ins Rollen gebracht – dann schrumpft die Zahl ihrer (ernstzunehmenden) Gegner, damit aber auch die Chance, die eigenen Ideen und Utopien an einer intelligenten Anti-Kritik zu überprüfen. Zugleich erscheint diese (relative) öffentliche Kritik-Abstinenz als ein noch größerer Erfolg – während sie in Wahrheit Stagnation verheißt. Wenn die Dinge erst einmal so liegen, hilft nur noch eins: innerhalb der eigenen Reihen den Posten einer advocata diaboli auszuschreiben, mit der Selbstkritik also ernstzumachen und mit ihr an die Öffentlichkeit zu gehen.

Thematisch halten sich die zehn Aufsätze an einen der ältesten Stoffe, um den herum die Neue Frauenbewegung sich gesammelt hat: die Sexualität. Hier, im ganz Privaten, entdeckten die Frauen damals ihr konstituierendes Politikum. Der ›kleine Unterschied‹ schien zu groß für Emanzipation *und* Verständigung mit dem Mann, eine selbständige Frau unmöglich mit Kind. Gilt das so noch? Galt es praktisch je? Ist es nicht einen Versuch wert, die Geschlechterliebe und die Mutterschaft theoretisch zu verteidigen, ohne die Raison der Emanzipation dabei dranzugeben?

Schließlich gibt es auch ein ›private happiness‹, das sich nicht einem faulen Kompromiß verdankt. Die Frauenbewegung hat das konventionelle Küchenglück als Perspektive für die Frauen mit Verve und Recht verwünscht. Was sie an die Stelle setzte, war allein die Emphase ihres Aufbruchs: Frauensolidarität. Es gab kein positives Programm, das das andere Geschlecht, das Kinder mitgemeint hätte. Das war auch nicht zu erwarten, für's erste reichte die Verweigerung. Inzwischen ist es Zeit geworden, über die Bedingungen nachzudenken, unter denen es außerhalb der feministischen Szene, für Mehrheiten, auf nicht-kompromißlerische Weise weitergehen kann. Es gibt genug Trendwender, die nach rechts ausschreiten. Um sie aufzuhalten, reicht es nicht, die ›eigene Position‹ samt ihrer Redlichkeit so lange zu wiederholen, bis zum Dogmatismus die Langeweile hinzutritt – im Gegenteil, das wäre der geradeste Weg ins Abseits. Was vielleicht weiterführt, ist eine *Annäherung an die Höhle des Löwen*, will sagen, an das Argument der Gegenseite – das ist für uns: das patriarchale Vorurteil, die sexistische Gewohnheitslüge, der alt-neue Affekt gegen Weiber-Tollheit. Ist irgendwas daran, steckt irgendwas dahinter, mit dem es etwas auf sich hat? Haben wir irgendwo was übersehen? Haben wir Differenzierungen unterschlagen, Ambivalenzen verschwiegen? Doppeldeutigkeiten überhört? Wir werden das nur feststellen, wenn wir näher rangehen an den Feind – mit ›Annäherung an die Höhle . . . ‹ meinte ich natürlich nicht Verbrüderung, sondern Nahkampf.

Ich glaube, daß die Angst vor Beifall von der falschen Seite dem Feminismus oftmals verboten hat weiterzudenken. Weiterdenken heißt manchmal genauer denken – und je schärfer die Differenzierungen werden, desto sicherer können wir sein, daß die ›falsche Seite‹ trotz ihres Beifalls ans andere Ufer des Gedankenstroms verwiesen bleibt. Bzw. erst dann, wenn wir das Risiko eines gemeinsamen Ausgangspunktes auf uns genommen und es trotzdem geschafft haben, die Differenz herauszupräparieren, daß erst dann die ›falsche Seite‹ erkennbar am andern Ufer ›festgemacht‹ und stehengelassen werden kann.

In meinen Aufsätzen versuche ich, die andere Seite ernst zu nehmen, solange es geht, und sie als falsche erst dann (aber dann unbedingt) bloßzustellen, wenn es nötig wird. Dabei kommen auch Frauen-Vorurteile, feministische Notlügen, alt-neue Affekte gegen die Normalität der Männerwelt zur Sprache. Da aber nur politisch tote Gebilde immer recht haben, kann man der Frauenbewegung auch Irrtümer zugute halten. *Sie* bewegt sich wenigstens noch.

Der Mythos von der Herbeiführbarkeit
Zur feministischen Diskussion um den Orgasmus

Die Geschichte der Neuen Frauenbewegung beginnt in den frühen siebziger Jahren mit der Abtreibungskampagne. Die Abtreibungskampagne war spektakulär, sie hat die hohe Politik beeinflußt und viele Frauen mobilisiert - aber sie war nur ein Zweig, ein Ableger jenes größeren Themas, das damals, zu Beginn, der eigentliche Organisator der Frauenbewegung war: die weibliche Sexualität. Feministinnen formulierten dieses Thema stürmisch und praktisch; während sie lasen, verwarfen, stritten und zu Kongressen reisten, verweigerten sie sich den Männern, gründeten Frauenkommunen und Frauenferienlager und entdeckten als ihre Geschichte die Macht prähistorischer Mütter und die Schönheit der weiblichen Souveräne im alten Ägypten. Ihr Umsturz war konsequent und folgenreich, zwar betraf er unmittelbar nur eine vergleichsweise schmale Bevölkerungsgruppe, aber er wirkte darüber hinaus alarmierend auf die Majorität.

Das alte Schema vom Geschlechtsakt und mit ihm das Schema von der Beziehung der Geschlechter, in dem die Frau als Verführerin und der Mann als Eroberer ihre fest umschriebenen Plätze innehatten, war unter den Diskussionen und Aktionen der Frauenbewegung zu Bruch gegangen. Der ›Penisneid‹ wurde als patriarchale Projektion entlarvt, der Penis selbst als durchaus überflüssig für die Befriedigung der Frauen, der vaginale Orgasmus als ›Mythos‹.

Die Weigerung der Feministinnen, sich den Wünschen der Männer oder ganz einfach dem sexuellen Herkommen anzupassen, und ferner den sozialen Erwartungen gemäß Kinder zu bekommen und aufzuziehen, mag viele Motive gehabt haben (und hat viele neue Motive produziert), sie ist jedoch nicht denkbar ohne die Entschlossenheit der Frauen, die verzweifelte Lustsuche ihrer späten Kindheit, ihrer Phantasien und Träume, in ein wirkliches fühlbares *Finden* von Lust zu überführen.

Niemand sollte sie mehr darin hindern: weder Schwangerschaften noch Kinder noch die Männer mit ihren entwürdigenden Praktiken und ihrem Penis. Die Frauen entdeckten die Frauenliebe, die Selbstliebe, oder sie revolutionierten ihre Beziehungen zu Männern, soweit die das aushielten.

Die Frauenbewegung hat von Anfang an nicht darauf verzichtet, den theoretischen und publizistischen Niederschlag ihrer Revolte mit biologischer und psychologischer Argumentation auszustatten. So sei z. B. die Frau durch den Zuschnitt ihrer äußeren Geschlechtsorgane mit der Klitoris als Zentrum für einen befriedigenden Verkehr mit dem Mann einfach nicht geschaffen. Oder: psychische Dispositionen zur Mutterschaft gäbe es nicht als weibliche Eigenschaft, sondern nur als Ideologie und Erziehungsdiktat. So streiften sich die Frauen bei ihrer Lustsuche den ganzen Ballast ihrer generativen Bestimmung vom Leib, sie machten sich vom Mann, vom Penis, von der Angst vor der Schwangerschaft *und* vor der Pille frei, sie waren schließlich so unbeschwert, daß es aussah, als wollten sie jeden Augenblick abheben.

Tausende von Frauen, auch ich, wir danken diesen irren Jahren, der Explosion von Zutrauen, Neugier und Selbsterkenntnis *unter Frauen* eine Menge. Nur bei einem solidarisch-zustimmenden Rückblick halte ich Kritik an jener Initial-Debatte für angängig, aber auch für nötig. Zwar ist man hinterher immer klüger; wie klug man aber wirklich wird, das hängt davon ab, wie genau man sich bei aller Freundschaft hinterher getraut, auf den Anfang zurück- und in das, was daraus geworden ist, hineinzusehen.

Vieles an der feministischen Debatte um die weibliche Sexualität, um vaginalen und klitoralen Orgasmus, um ›Penetration‹ und Mutterschaftsideologie und die ganze Aussteige, die sie begleitet hat, war, glaube ich, ein Versuch der Frauen, die große sexuelle Liberalisierung der sechziger Jahre für sich selbst nachzuholen und umzuinterpretieren.

So weit so gut. Nun hat aber die feministische sexuelle Revolution die Schwächen und Fehlentwicklungen jener Liberalisierung nicht nur nicht zum Thema gemacht oder gar korrigiert und verarbeitet, sondern sie hat sie im großen und ganzen fortgeführt. Von welchen Fehlentwicklungen rede ich? Über die Liberalisierung in den Sechzigern ist inzwischen viel nachgedacht und geschrieben worden, eine der schärfsten und pessimistischsten Kritiken war wohl die, daß Pille und Minirock, daß die Sprengung von Tabus, das Leichtmachen von sexuellen Kontakten eine der letzten Bastionen unversehrter - wenn auch durchaus nicht konfliktloser - Zwischenmenschlichkeit auf die Profanität der Warenwelt heruntergebracht hätten: Sexualität als Konsumgut, die Partner als nur noch austauschbar, Lust als Spaß, als billiger Trip, den man mal eben zusammen schmeißt und am Morgen mit dem Schlaf aus den Gliedern schüttelt.

Es gibt keine Beweise dafür, daß die Feministinnen sich die Lust, nach der sie ja auf der Suche waren, als wohlfeile Ware gedacht haben, es gibt im Gegenteil eine Fülle von Beteuerungen, denen zufolge es gerade die den Männern zugeschriebene Oberflächlichkeit und Phantasielosigkeit war, die die Frauen an der Sexualität in den ›alten Rollen‹ abstieß. Es geht mir nicht darum, was die Frauen subjektiv anstrebten, wünschten, oder als einzelne erlebten, sondern was bei ihrer Auflehnung, so wie sie begründet und praktiziert wurde, schließlich herauskam.

Wenn wir uns z. B. an die Diskussion um den vaginalen und klitoralen Orgasmus erinnern - eine Diskussion, die ausgehend von einem kleinen Traktat von Anne Koedt damals viele Consciousness-raising-Gruppen, Diskussionszirkel und selbst Dissertationen inspiriert hat - so springt ins Auge, daß das Problem hier eine lediglich technische oder biologische Formulierung erfahren hat. Diese Reduktion erschien damals als *Erlösung:* Endlich, atmeten die Frauen auf, weiß ich, warum ich nicht befriedigt bin; das Zentrum meiner Lust liegt da, wo der Penis nicht hinkommt. Aber es war eine Erlösung durch eine *Reduktion,* deshalb eine Scheinerlösung, in Wahrheit eine Flucht, ein Ausweichen.

Ich will bei diesem Beispiel bleiben und daran weiter zeigen, daß die Feministinnen mit ihrer Kritik an der sexuellen Gewohnheitspraxis den allgemeinen Trend zur Vernebensächlichung und Verlangweiligung der sexuellen Erfahrung gestützt haben und wie scheinhaft und flüchtig das ›Neue‹ manchmal war.

Der Ausgangspunkt ist der Orgasmus: Die Frauen hatten ihn nicht, und sie mußten herausfinden, woran das lag und wie und mit wem sie ihn kriegen konnten. Die Konzentration auf die Anatomie schien das Problem zunächst zu vereinfachen und gab übrigens dem befehdeten Vater Freud recht, der gesagt hatte, daß »Anatomie Schicksal« sei. Nun, die Frauen wollten ihr Schicksal in die eigenen Hände nehmen, aber sie machten es - verkürzend und technisierend - ganz abhängig von der genitalen Stimulation. Natürlich bedeutete Zärtlichkeit ihnen viel, aber der Orgasmus war im Grunde das Produkt der Stimulation der Klitoris. Daß ›Penetration‹ zu nichts führen könne, versuchte Alice Schwarzer einmal durch den Hinweis zu erläutern, eine menstruierende Frau mit einem Tampon in der Scheide sei ja doch auch nicht ständig erregt, die Vagina verfüge nunmal über keine reagiblen Nerven. Ich will mich nicht auf diese Kontroverse einlassen (es gibt Gegenargumente, so z. B. daß der Ausgang der Vagina sehr sensibel sei und daß Vagina und Klitoris eine physiologische Reaktionseinheit bilden). Das Bedrückende ist für mich, daß die Diskussion überhaupt auf dieser Ebene verharrt ist, d. h. daß frau offenbar wirklich angenommen hat, ihre Orgasmusfähigkeit sei allein oder doch vorwiegend davon abhängig, wo (und wie) sie stimuliert werde. Und ihr vergebliches Warten auf die Klimax habe daran gelegen, daß man es immer an der falschen Stelle versucht hat. Als wäre ein Orgasmus mechanisch herbeiführbar wie ein Elektroschock nach Schließung eines Stromkreises oder ein Delirium nach Gabe einer Droge.

Was da beiseite gelassen wurde, ist, fürchte ich, das, was Sexualität als Zwischenmenschlichkeit, wie versehrt nun inzwischen immer, unterscheidet vom Sex als Sex und Hopp, Lust von konsumabler Unterhaltung. Ein Orgasmus, wenn er zustandekommt, hat immer eine *Geschichte,* die Geschichte eines Begehrens und einer Erregung, und wenn eine solche Geschichte gelebt worden ist, dann ist es zweitrangig, wo die Stimulierung erfolgt; wenn die Geschichte heiß war, wenn sie verrückt, bedrohlich, heiter und schmerzlich genug war, dann *kommt* der Orgasmus, und sei es - ich übertreibe - der große Zeh, an dem die Frau stimuliert wird.
Ein Orgasmus ist das Ende einer Kette von Empfindungen, von Bildern, Träumen, Sehnsüchten, Ängsten, lauter Sensationen, die sich außerhalb des Bettes abspielen, einer Kette von Eindrücken, Erwartungen, Enttäuschungen, Überraschungen, Blicken, Berührungen. Die Kette muß nicht ausschließlich von den zweien, die zusammen Liebe machen, aufgereiht worden sein, andere können vorher an ihr mitgewirkt haben, viele ihrer Glieder können auch von den einzelnen allein, als Phantasie oder Erinnerung, eingefügt sein. Sie muß auch nicht lang sein. Aber sie muß da sein, und sie muß ein *Gewicht* haben, dann ergibt sich die genitale Befriedigung wie von selbst. Fehlt die Kette, die Geschichte, dann bewirkt auch die geduldigste und geschickteste Stimulierung der Klitoris *nichts,* gibt es keine wirkliche Befriedigung; für den Mann gilt übrigens, mutatis mutandis, dasselbe. Mit einem Wort: Das Problem, das große, schmerzende Problem der Orgasmuslosigkeit vieler Frauen ist ein Problem der Zeit, des Verhaltens, des Erlebens *vorher.* Es ist das Problem oder die Krise einer *Geschichte* der Lust, d. h. des Sich-Entwickeln-Könnens von Begehren. Geschichte ist es, die in der Sexualität *Natur* möglich macht, den Körper in sein Recht setzt, ihm sein eigenes, uns manchmal unverständliches, aber freundliches Leben gestattet.

Mit der männlichen Geschlechtsrolle, bei allen Wandlungen, die sie in den letzten 20 Jahren erfahren hat, war ein Zeigen-Können des Begehrens, ein *Selbstbewußtsein des Begehrenden* immer vereinbar. Ich glaube, daß die offenbar geringere Schwierigkeit der Männer, die Kurve ihrer Erregung, vom Beginn bis zum Orgasmus, ohne Riß und Brüche durchzuhalten, damit zusammenhängt. Sie können als die, die ihr Begehren zeigen dürfen, ihrer Lust eine Geschichte leben und sie dadurch wirklich werden, aus Wunsch und Vorstellung in den Körper fließen lassen. Für Frauen war vorgesehen, daß sie sich mit der Rolle des begehrten Objekts zufriedengeben, sie hatten zu zeigen, daß sie bereit waren, begehrt zu werden, hatten, gegebenenfalls, ein *Selbstbewußtsein der Begehrten,* aber nicht viel mehr. Diese Rolle mag - für manche Frauen - ausgereicht haben, eine Geschichte der Lust in die ihr zuzuordnenden Aktionsfelder einzutragen, aber sie, die Rolle, *mußte* für eine solche Geschichte zu eng werden, nachdem die Frauen in vielen anderen sozialen Belangen mehr Rechte, mehr Ausdrucksmöglichkeiten, mehr Autonomie erlangt hatten, nachdem sie, mit einem Wort, angefangen hatten, sich zu emanzipieren. Insofern war der Zusammenbruch des alten Schemas vom Geschlechtsakt eine unvermeidliche Folge der Tendenz zur sogenannten ›gesellschaftlichen Gleichstellung der Frau‹, die ja älter ist als die Neue Frauenbewegung, und die Frauenbewegung hat wahrscheinlich eher die Trümmer sinnfällig gemacht als sie selber angerichtet.

Die Sache mit den Geschlechterrollen ist nun komplizierter als hier dargestellt. Ich habe mir eine Vergröberung gestattet, die ich zugunsten einer kleinen Differenzierung zurücknehmen kann. Geschlechterrollen, die keine reduzierten und festgeschriebenen Aktions- und Reaktionsmuster mehr wären, sondern Verhaltensmöglichkeiten mit Raum für einen Fächer von Variationen, müßten beiden beides geben: Männern und Frauen ein Subjekt-Objekt-Sein. Wenn die Rollen tatsächlich dergestalt polar veteilt wären, daß den Männern ganz die Subjektivität, das Agieren-Können, und den Frauen einzig der Objekt-Status zugewiesen wäre, so müßte man die Frage stellen, warum gerade die Männer es mit der Lust leichter haben (falls das wirklich so ist), denn auch ihnen *fehlte* ja eine Dimension: die des Objekt-Sein-Könnens. Die Antwort ist diese: Als das sozial überlegene, ›mächtigere‹ Geschlecht sind Männer immer schon, vorab jeder besonderen Geschichte, in der Position der Begehrten. Das unterlegene Geschlecht kann nie anders als das herrschende erhöhen, jedenfalls solange es nicht die Legitimität dieser Herrschaft offen in Zweifel zieht und rebelliert. Für die Irritation, die die Frauenbewegung unter den Männern bewirkt hat, findet sich hier eine Ursache: Plötzlich soll es vorbei sein damit, daß Männer allein um ihres Geschlechtes willen, ganz ungeachtet persönlicher Reize, den Status des begehrten Objekts immer schon innehaben. Aber selbst wenn die Männer wirklich auf die aktive Rolle beschränkt wären, so böte ihnen diese doch noch einen besseren Ausgangspunkt für das Erleben von Geschichte(n): Weil Aktivität in Liebesbeziehungen die Möglichkeiten des Wählens einschließt und alle Geschichten in Lust und Liebe Geschichten einer Wahl sind. (Sicher gibt es Elemente von Subjektivität auch für Frauen in der alten Fassung der Geschlechterrollen. Aber es hat viel persönlicher Mut - oder eine besondere soziale Position - aufseiten der Frauen dazugehört, sich ihre Rolle von diesen Elementen hier anzueignen.)

Wenn Schemata sozialer Beziehungen zusammenbrechen oder absterben oder sonst ihr Leben aushauchen, so stehen die vergesellschafteten Menschen vor der großen Chance eines Neuanfangs. In den sechziger Jahren stieg aus der heute schon wieder romantisierten Verklemmtheit des Nachkriegs-Biedersinns die sexuelle Libertinage wie eine Lerche aus einem toten Baum. Ich nannte oben die Kritik, die in dieser sehr weitreichenden Auflösung von Tabus nicht viel mehr sah als eine Herabwürdigung der sexuellen Beziehung zu einer simplen Tauschbeziehung, eine pessimistische Kritik; ich meinte damit, daß diese Kritik gewisse positive Elemente wirklicher Befreiung von Ängsten und Schuldgefühlen in der Enttabuierung unterschlägt, gleichwohl ist sie in vielem berechtigt. Vielleicht kann man sagen, daß die Enttabuierung auf eine schon seit längerem vorbereitete Veränderung in der Stellung der Geschlechter zueinander reagierte, daß also auf Verzerrungen und Inadäquanzen im ›alten Schema› hin eine allgemeine Entregelung, Entritualisierung, Entschematisierung einsetze. Wobei alle, die diese Prozesse begrüßten, die *Panik* übersahen, mit der die Beteiligten sich ihrer Hemmungen entledigten.

Diese Panik war ihrer Ursache nach die Angst beider Geschlechter vor der sexuellen Emanzipation der Frauen. Es war eine Angst vor der Freisetzung von Lust. Was würde geschehen, wenn die Frauen Begehren zeigen, die Männer die Rolle des gewählten Objekts spielen und die ›festumschriebenen Plätze im alten Schema‹ plötzlich beginnen würden, zu tanzen, zu tauschen, einander zu ersetzen oder einander zu gleichen? Würde das Schema eine Egalisierung der in ihm Agierenden ertragen? Und würde nicht eine Egalisierung der Geschlechterrollen zur Folge haben, daß die Sexualität mehr Gewalt über die Individuen erringen würde und daß die ihr innewohnenden Tendenzen zu Wahn, Exzeß und Anarchie die Oberhand gewönnen? Mit dem Ergebnis, daß die Individuen um die Integrität ihrer Person und die Gesellschaft um ihr Funktionieren, um die nötige Berechenbarkeit der einzelnen zu fürchten hätte? Aus solchen - vielleicht nicht immer bewußt erlebten - Ängsten erschien die Flucht nach vorn als der einzige Ausweg. Die Sexualität und das, was in ihr mit den Individuen geschieht, sollte offengelegt und transparent gemacht werden, und zwar im massenhaften Experiment. Der Impetus als solcher war vielleicht gut, aber er übersah die Fußgewichte, die die Individuen durch ihre Konditionierung mit sich schleppen und die es ihnen selten gestatten, in der Praxis längere Zeit so schnell zu laufen wie in der Idee oder bei einem ersten spontanen Versuch. Die Experimente gingen auf Kosten der Frauen, für deren enge Möglichkeiten, eine Geschichte ihrer Lust zu formulieren, die Hemmungen und Tabus eine vorher als solche kaum durchschaute Schutzzone gewesen waren, u. a. einfach dadurch, daß sie ihnen *Zeit* ließen. Das Schema zerbrach, aber nicht unter der Last zusätzlicher Möglichkeiten für die Frauen, sondern infolge eines allgemeinen Verblassens und Zerlaufens der Kontur jener einst ›fest umschriebenen Plätze‹, d. h. es zerbrach eigentlich weniger als daß es sich verlor. Sexualität wurde überhaupt etwas Blasseres. Weil sie jetzt leichter und umstandsloser zu machen war, lag die Chance, sie mit einer *Geschichte* zu verbinden, sie als etwas zu erleben, das aus der Normalität herausdrängt, als etwas »ganz anderes«, als Sprung aus der Gleichförmigkeit und der linearen Zeit des Alltags, ferner denn je. Die Egalisierung geschah ganz woanders, als die Propheten der Liberalisierung gehofft hatten: Wenn die neuesten Forschungsberichte, die wie die meisten großen empirischen Untersuchungen aus Amerika kommen, zutreffen, dann nimmt die Intensität des sexuellen Lusterlebens bei beiden Geschlechtern ab. Die mangelnde Möglichkeit, ihn mit einer Geschichte zu versehen, läßt den Orgasmus schal werden. Die Sexualität erwiese sich so wirklich als letzte Bastion von Zwischenmenschlichkeit: dadurch, daß sie *aufhört,* ihre Lustprämie abzuwerfen, wenn ihr Lohn herbeiführbar werden soll wie ein beliebiger Effekt, wenn der Weg über die Zwischenmenschlichkeit, über die Geschichte und Geschichten zwischen Menschen, als Umweg erscheint und abgeschnitten wird. Der Orgasmus, der herausgelöst ist aus einer (seiner) Geschichte, der ›gehabt‹ werden will wie eine Zuckerstange, der ist dann danach. (Auch das könnte ein Aspekt sein des ›posthistoire‹, eines (unseres?) Zeitalters, in dem die Zeit so alt geworden ist und so bewegungslos, daß nichts Neues mehr in ihr geschieht, Geschichte abgedankt hat. Eines Zeitalters, in dem alles machbar (= herbeiführbar) scheint und machbar gemacht werden muß, wozu erstmal gehört, daß die Differenzen verschwinden, das Schräge, Attrahierende an den einzelnen gelöscht wird und der einzige ›subjektive Faktor‹, der übrig leibt, die Arroganz der Macher ist.)

Daß die Frauen Grund hatten, sich auf dem Feld von Sexualität zu wehren und zu weigern, zu revoltieren, ist unzweifelhaft. Sie haben es aber nicht geschafft, den Mythos von der Herbeiführbarkeit zu durchschauen und zu durchbrechen, stattdessen haben sie sich ihm ausgeliefert. Die Folgen sind schlimm. Die Geschlechter haben sich (zunächst innerhalb der relativ kleinen ›mobilisierten‹ Bevölkerungsgruppe, aber auch darüber hinaus) immer weiter voneinander entfernt. Statt der fälligen Auseinandersetzung zogen sich die Frauen in Frauen- und die Männer in Männergruppen zurück. Daneben blüht eine Kultur der Angleichung der Geschlechter - Unisex, Partnerlook und Kameraderie im Umgangston - die nichts anderes ist als eine Vermeidung der Geschlechterbegegnung, also auch Entfernung. Und es gibt - in der Frauenbewegung, aber auch unter den von der Frauenbewegung ›angesteckten‹ Männergruppen - eine Propaganda der Homosexualität, der die Angst vor Sexualität überhaupt auf der Stirn geschrieben steht. Damit sage ich nichts gegen die gay liberation, der ja heute das Feld der Revolte gehört - ein weiteres Indiz übrigens für die ›Entfernung‹. Das, was hätte geschehen müssen, die (praktisch-theoretische) Formulierung einer Kultur des weiblichen Begehrens, der weiblichen Sexual-Subjekt-Rolle also und einer männlichen Sexual-Objekt-Rolle, die nicht schlicht in die Eitelkeit des sozial Überlegenen eingekleidet wäre, sondern in den Narzißmus des Gewählten (die Sexual-Objekt-Rolle, von der Frauenbewegung oft geschmäht, ist als Möglichkeit oder als Rollenelement schön und lebenswert, ja unverzichtbar, ist nur in der Ausschließlichkeit fatal), das ist nicht geschehen. Wenn heute eine Frau in einer feministischen Versammlung aufstehen und sagen würde, sie fände die Männer verführerisch und begehrenswert, so würde sie für bekloppt erklärt. Dabei enthielte eine solche schlichte Bemerkung der Möglichkeit nach ein ganzes emanzipatorisches Programm: Daß Frauen ihre Lust wiederfinden, setzt voraus, daß sie deren Objekt begegnen, daß sie es also suchen und wahrnehmen. Dieses Objekt ist für die Majorität der Frauen *das andere Geschlecht.* Die Weise, in der sie es suchen, wahrnehmen und ihm begegnen, wird sich ändern müssen, kann sich ganz neu gestalten; hier wäre eine Welt zu entwerfen, denn es gibt (noch) keine in der heutigen Zeit vorherrschenden Normen und kulturellen Regulativen für die Ausgestaltung eines Selbstbewußtseins der Begehrenden, eines weiblichen sexuellen Selbstbewußtseins als das eines Subjekts.

Dieses weibliche Selbstbewußtsein schlösse wohl den ganzen ›Ballast der generativen Bestimmung‹ ein, also ein stolzes Bewußtsein von Empfängnisfähigkeit, Schwangerschaft und Gebärenkönnen als sexueller Potenzen. Ich glaube, es ist eines der größten jüngeren Verdienste der Frauenbewegung, daß sie in den letzten Jahren beginnt, den kurzschlüssigen Protest gegen die Mutterschaftsideologie, der dem Patriarchat nicht nur die Ideologie, sondern die Mutterschaft gleich mit vor die Füße geworfen hat, zu korrigieren. Allerdings hat es den Anschein, als seien die in Freude empfangenen Kinder der Frauenbewegung Früchte von Jungfernzeugung. Der Penis ist noch nicht wieder ›in‹. Da es auf dem alten Weg nicht mehr geht, ein Rückschritt nicht in Frage kommt und ein neuer Weg, ein Weg, auf dem die Geschlechter sich als Subjekt-Objekt begegnen könnten, schwer kultivierbar scheint, wird es wohl noch eine Weile so weitergehen. Wir sollten allerdings aufhören, darin einen ›Sieg‹ des Feminismus zu sehen, sondern es als das nehmen, was es ist: Ausdruck der anomischen Situation zwischen den Geschlechtern, einer allgemeinen Teilnahmslosigkeit und Resignation. Die positiven Möglichkeiten, die mit solchen Auflösungserscheinungen meist einhergehen, die Chance zur Neuformulierung (von Beziehungsstrukturen, Moralen, Identitäten) wird, so weit ich sehe, viel zu wenig genutzt. Es sieht also alles eher nach einer Niederlage aus.

Was ist nun, wenn eine Egalisierung in den sexuellen Beziehungen die Gefahr, von der ich oben sprach, wirklich enthält, wenn also eine solche Egalisierung die Individuen ihrer Sexualität auslieferte mit der Zwangsläufigkeit des sich erfüllenden Schicksals in der Tragödie? Wenn, umgekehrt, das Macht- und Prestigegefälle zwischen den Geschlechtern die Bedingung dafür ist, daß Sexualität in einer lebbaren Weise domestiziert bleibt? Existieren die Gefahren, so ist die Emanzipation der Frauen identisch mit einer Emanzipation der Sexualität zu einer unkontrollierbaren Bedrohung der zwischenmenschlichen Beziehungen. Es könnte sein, daß die enormen Widerstände, die der überfälligen Vollendung der Frauenemanzipation in den Weg gelegt werden, aus einer kollektiven unbewußten Panik vor solchen Perspektiven stammt. Aber es muß ja keineswegs so kommen. Es könnte doch sein, daß Menschen, die um die Möglichkeit ihrer Befriedigung wissen, die wissen, daß sie eine Geschichte haben können, imstande sind, sich freiwillig Schranken aufzuerlegen, Schranken, die keine Tabus mehr wären, weil ihrer Funktion als Herrschaftstechnik ledig. Vielleicht gibt es eine Emanzipation von den Geschlechterrollen, die nicht mit einer Übermacht des Geschlechts bezahlt werden muß. Wenn nicht, warum sollte dann die Menschheit nicht lieber in der Ausschweifung versinken als auf dem Karstboden des ›post-histoire‹ stehen bleiben wie ihr eigener Gipsabguß?

Ein Stück neuerer Weltlichkeit: der Kinderwunsch

Unter den Frauen, die gegen Ende der akuten Phase der Protestbewegung 30 wurden, gab es einige, die in der unerwünschten Ruhe der verstummenden Revolte in sich etwas hören mußten, was sie in Verlegenheit stürzte. Sie vernahmen den Wunsch nach einem Kind. Sie mißtrauten diesem Wunsch und fühlten sich durch seine Suggestionen verhöhnt. Zugleich hatten sie eben den Wunsch wie man eine Vorliebe oder eine Ahnung hat, und sie konnten nicht verhindern, daß er ihre Phantasie besetzte. Was sie ablehnten war nicht das Kind, das wünschten sie ja, es war der Wunsch. Der Wunsch aber hatte sie.

Vielleicht können wir diesen Zwiespalt besser verstehen, wenn wir uns in die Zeit zurückversetzen. In jenen Jahren verteilte eine Berliner Frauengruppe auf einer Veranstaltung Flugblätter, in denen der Satz stand: »Eine Frau, die sich heutzutage ein Kind wünscht, ist das Opfer kapitalistischer Propaganda.« Die Protestbewegung selbst hat in ihren Theorien und Perspektiven wenig angeboten, was sich zur Kritik einer solchen These hätte nützen lassen. Im Grunde redete sie von Frauen und Kindern eher »wie vom Wetter« - so hat es Ulrike Meinhof 1968 einmal ausgedrückt. Diese Indifferenz ist sicher eine Voraussetzung gewesen für das Entstehen einer autonomen Frauenbewegung *und zugleich* für deren (anfängliche) militante Ignoranz in der Kinderfrage.

Die Frauenbewegung litt hier indessen zusätzlich - sozusagen unverschuldet - an einem *globalen* Defizit, nur waren in ihrem Fall die Fehleinschätzungen deutlicher sichtbar und die Folgen ärger als bei anderen engagierten Sprechern zum Thema. Der *Kinderwunsch*, so wie er heute gefühlt oder gerade nicht gefühlt wird, ist als soziales Phänomen jung, in seiner Entstehungs- und Wirkungsweise noch unerforscht. Es gibt ihn als ›freien‹ Wunsch, d. h. begabt mit einer Alternative, erst seit ungefähr zwei Jahrzehnten. Wir dürfen es deshalb nicht der Frauenbewegung exklusiv anrechnen, daß sie außerstande war, die Kräfte, die diesen Wunsch speisen, zu verstehen und mit ihnen umzugehen.

Vielleicht befremdet diese Behauptung: daß es den Kinderwunsch, so wie er heute gewünscht wird, erst seit zwei Jahrzehnten gebe. Ich will das erläutern. Vor etwa 20 Jahren wurde die Antibabypille für den Massenkonsum reif. Lassen wir die Vor- und Nachteile dieses Verhütungsmittels unerörtert; Tatsache ist, daß seit dem Aufkommen der Pille die Diskussion über Verhütung, das Wissen um sie und ihre praktische Ausübung sprunghaft zugenommen hat. Freuds Traum von der Loslösung der zeugenden Sexualität aus ihrer Legierung mit der Fortpflanzung wurde objektiv erfüllbar.

Sicherlich haben Frauen, auch Männer, sich zu allen Zeiten Kinder gewünscht, sie haben sich auch zu allen Zeiten vor Schwangerschaften gefürchtet. Ob aber nun Kinder kamen oder nicht, das war früher sehr viel weniger abhängig von ihren subjektiven Wünschen und Ängsten, von ihren Motiven, als heute. Zu Zeiten mangelhafter und unsicherer Empfängnisverhütung erfüllte eine Schwangerschaft nur zufällig zugleich einen Wunsch. Vor hundert Jahren bis weit in unser Jahrhundert hinein kam erst die Natur, dann das Motiv, und das Motiv selbst war weniger individuell als sozialökonomisch bestimmt: man brauchte Erben zur Erhaltung des Geschlechts und des Vermögens, in den armen ländlichen Schichten zusätzliche helfende Hände und eine Stütze für das Alter. Empfängnis, Geburt und Tod waren seinerzeit zudem Elemente eines *religiösen Lebensgefühls*; der christlichen Kirche galt das kinderreiche Ehepaar als von Gott gesegnet. Und wenn auch die einzelnen Gläubigen diese Auffassung praktisch nicht immer geteilt haben, so würde ihnen doch unsere Absicht: Ort und Zeit einer Zeugung selbst zu bestimmen, als Frevel, Sünde, Vermessenheit erschienen sein. (Im Wort ›Kindersegen‹, das als Wort, aber kaum als Realität bei uns überlebt hat, klingt die religiöse Verwurzelung des Kinderwunsches noch nach.)

Vielen der alten Kinderwunschmotive, auch wenn sie einen individuellen Stempel zu tragen scheinen, haftet bis in unser Jahrhundert hinein eine gewisse Nachträglichkeit an; die Fortpflanzung war im Grunde ein stiller Zwang, für manche Frauen übrigens ein nahezu zerstörerischer; Zwang, der durch Gefühle der Zuneigung für die Nachkommenschaft teils gemildert, teils auch bemäntelt wurde. Die Leute ließen das Kinderkriegen über sich ergehen, manchmal stillvergnügt, manchmal still, manchmal aber auch in stummer Verzweiflung; *sie hatten keine Wahl.*[1]

Mittlerweile hat sich nun der Kinderwunsch von seinem statuarischen Dasein in einem religiösen Weltbild zu einem Stück variantenreicher individueller Autonomie emanzipiert. Soziologen würden hier schichtspezifische Differenzierungen anbringen - lassen wir die zur Vereinfachung mal beiseite. Mit dem Wiederaufleben des Verhütungswissens - das in alten Kulturen und vor Beginn der Neuzeit schon mal verbreitet gewesen war - werden Natur und Glauben zurückgedrängt auf den zweiten Platz; den ersten nehmen die jetzt nicht mehr nachträglichen, sondern antizipierenden Motive und Wünsche der Paare ein. Eine neue Aktivität und Absichtsfülle zieht in das generative Verhalten ein. Der Kinderwunsch wird als Wunsch zugleich *Plan*, und in dieser Gestalt ist er neu.

Als Wunsch, dessen Erfüllung planbar ist, wird der Kinderwunsch unter Umständen auch zum Problem. Was soll eine Frau tun, die sich ein Kind wünscht, obwohl ihre soziale Erfahrung und ihre politische Sozialisation sie - direkt oder indirekt - vor der Mutterschaft warnen? Die Emanzipation des Kinderwunsches zur individuellen Entscheidung schließt also ein, daß er *Konfliktstoff* werden kann.[2] Das gab es früher nicht. Warum hätten sich die Leute Skrupel machen sollen über Wünsche und Ängste, wenn das, was sie wünschten oder fürchteten, ihnen letzlich einfach zustieß?

Die Emanzipation des Kinderwunsches mit ihren erlösenden Wirkungen *und* mit ihren neuen Problemen ist noch längst nicht abgeschlossen - gibt es doch auch in Europa und in der Neuen Welt immer noch Regionen mit tiefreligiöser Population, mit Herrschaft traditioneller Normen und Moralen, Regionen, in denen man nichts von der Pille, aber alles von der Jungfrau Maria weiß. (Von der dritten Welt reden wir hier nicht. Das Problem ist dort völlig anderer Natur.) Der Kinderwunsch ist im Begriff, eine *Säkularisierung* zu erfahren, sich zu *verweltlichen* und dabei sein Wesen und seine Wirkung vollkommen zu wandeln: er gewinnt Macht über Wirklichkeit. Aus einem Phänomen, das kollektiven Normen in Gestalt mächtiger Institutionen wie beispielsweise der Kirche, aber auch Herkommen und realer Naturabhängigkeit gehorchte, entwickelte er sich zu einer immer stärker vom Individuum, vom einzelnen, ausgestalteten Motivvielfalt, zu einem *Gefühl von einzelnen.* Und er mündet schließlich in eine Entscheidung und Erfüllung da, wo die Bedingungen der Erfüllung ganz oder weitgehend der Kontrolle der Wünschenden anheimgegeben sind. Wenn ich sage, daß der Kinderwunsch sich säkularisiert, so meine ich damit, daß er sich individualisiert, seinen Schranken aus Natur- und Glaubensabhängigkeit entsteigt und zu einer individuell variierten ›Privatangelegenheit‹, schließlich zu einer persönlichen *Wahl* wird.

Nun hat die Religion Massenbevölkerungen aus ihren Bindungen entlassen, lange bevor es die Pille gab, der Kinderwunsch hätte sich also schon viel früher säkularisieren können (wie es, beispielsweise, die bürgerliche Eheschließung als standesamtliche Trauung getan hat). Zur Verweltlichung gehört aber mehr als der Rückzug der Geistlichkeit aus einem sozialen Terrain - es muß ›Welt‹ da sein, die dieses Terrain besetzt und mit neuen Moralen und neuem Sinn ausstattet. Vorbedingung für den Zugriff von Weltlichkeit auf die generativen Phantasien der Menschen war die ›Trennung von Sexualität und Fortpflanzung‹, es bedurfte wirksamer Verhütungsmethoden, in Kurzform: der Pille, um die Säkularisierung des Kinderwunsches einzuleiten.

Vielleicht hängt der Geburtenrückgang in den hochindustrialisierten Ländern des Westens damit zusammen, daß der säkularisierte Kinderwunsch hier einen immer stärkeren Einfluß auf das Fortpflanzungsverhalten der Bevölkerung gewinnt, also der Anteil der gewünschten Kinder an der Gesamtkinderzahl zunimmt, und das hieße praktisch, daß die Gesamtkinderzahl abnimmt. Frauen bzw. Paare, die die Folge der Geburten ihren individuellen Wünschen unterstellen können, zeugen weniger Kinder als das von Natur und Zufall abhängige Elternpaar vergangener Jahrzehnte (und Jahrhunderte). Natur und Motiv haben die Plätze getauscht: das Motiv, der Wunsch, entscheidet über die Möglichkeit einer Zeugung, die Natur wird erst hinterher zugelassen, um, wenn es ihr beliebt, aus der Möglichkeit einer Zeugung die Wirklichkeit einer Empfängnis zu machen.

Welche neuen Inhalte ersetzen nun Gottesfurcht und Hoffnung auf einen Erben? *Was* wünscht der säkularisierte Kinderwunsch? Gibt es ihn überhaupt oder ist er am Ende Wahn, Einflüsterung, Propaganda? Wie kann es sein, daß eine Frau, die Mutterschaft aus rationalen Gründen ablehnt, doch einen Kinderwunsch fühlt und sich wegen ihres Wunsches in Konflikte und Selbstzweifel gestürzt sieht?

Man könnte mit den Mitteln der empirischen Sozialforschung arbeiten und eine Befragung vornehmen. Man würde, behaupte ich, die Antworten für ein ganz anderes Programm verwenden können: für eine Untersuchung über Typologie und Struktur von Rationalisierungen, Vorwänden und Klischees. Und über die Natur des Kinderwunsches gar nichts erfahren.

Ich selbst habe mich seit Jahren für Antworten auf die Frage nach Begründungen eines Kinderwunsches (eines vorhandenen *oder* fehlenden) interessiert und solche Antworten im Kopf gesammelt, und ich kam schließlich zu folgendem Resultat: Im Grunde wissen die meisten Leute nicht, was sie antworten sollen. Deshalb reden sie etwas daher: vom Sinn der Ehe oder von der Bevölkerungsexplosion, vom Leben über den Tod hinaus oder von der Atom-Apokalypse. So trifft man immer wieder auf dieselben Exemplare aus einer Sammlung von Plausibilitäten, die einiges über die Topoi der öffentlichen Meinung und fast nichts über die subjektiven Beweggründe der Befragten offenbaren. Am glaubwürdigsten sind noch die wirklich nichtssagenden Antworten, wie z. B.: »Ich wünsche mir ein Kind, weil es nun mal dazugehört.« Oder: »Ich möchte keines, weil ich nicht einsehe, daß es unbedingt dazugehört.«

Es gibt Ausnahmen (d. h. Einzelne, die über die Motive ihres Wunsches Genaueres wissen): bestimmte Bevölkerungsgruppen wurden seit den Anfängen der Säkularisierung dazu angeleitet, nach dem - individuellen, lebensgeschichtlichen - ›Sinn‹ von Ereignissen zu fragen, und sich selbst zu erforschen: die gebildeten Schichten des Bürgertums. In diesen Schichten mögen Frauen gerade in unserem Jahrhundert immerhin mehr Chancen gehabt haben, auf Ehe und Mutterschaft zugunsten anderer Karrieren zu verzichten, als ihre Großmütter, so daß wenigstens in die Frage der Ehe ein Element von Planung, von Wahl kam. ›Bildung‹ bedeutete überdies: Motive eigener und fremder Handlungen zu erkunden und sprachlich darzustellen - ein Prozeß, der seine produktive Seite hat, d. h. Beweggründe wo nicht herstellt, so doch ›ausdifferenziert‹.

Doch auch in diesen Bildungsschichten gilt, daß in den Beziehungen der jüngeren Generation die ihnen nun wirklich überantwortete Entscheidung - »wollen wir ein Kind machen oder nicht?« - sich gegen die gemeinsame Motivstudie auch sträubt, und ein Konsens, der sich schließlich herstellen ließe, die Beteiligten doch unbefriedigt oder ›ungestillt‹ läßt. Irgendwie oder irgendwo geht, so die Selbsterfahrung der Beteiligten, die Frage nach einem Kind in den gemeinsamen Erörterungen nicht auf, es bleibt ein - starker - Rest.

Eine Erklärung dafür liegt auf der Hand. Jetzt, wo die Individuen wirklich eine Wahl treffen können, müssen sie viele Begründungen für ihre Entscheidung ganz aus sich selber schöpfen. Es fehlt der kulturellen Tradition an sozial verarbeiteter Erfahrung mit dieser Wahl, an verbindlichen ›Regeln‹, auf die einzelne sich stützen könnten. Und wenn schon Elemente einer kulturellen Überlieferung wirksam werden sollten, so ist diese eine von den Männern gestiftete; Ansätze zu einer ›feministischen‹ Moral sind hier oft recht repressiv.

Wer jedoch versucht, den ›nicht auflösbaren Rest‹ dennoch zu identifizieren, hat seine Mühe damit. Es scheint, als sei der säkularisierte Kinderwunsch sich seiner selbst noch gar nicht recht bewußt geworden, als scheute er sich, gewisse authentische Antriebskräfte einzugestehen.

Authentische Antriebskräfte in der ›freien Wahl‹, die sich der bewußten Verfügung meist entziehen - lassen sie sich wenigstens erahnen? Ich glaube, daß wir jenseits der aktuellen (manchmal bloß vordergründigen, bald durchaus existentiell-bewußten) Parameter der Entscheidung eine von den äußeren Lebensbedingungen relativ unabhängige Einflußquelle anzunehmen haben: den *Körper* der Wünschenden, seine Bereitschaft zur Zeugung und Geburt von Nachkommenschaft. Ich glaube, daß der Körper ein eigenes, relativ unabhängiges und gewichtiges Wort beim Zustandekommen für den Wunsch nach Fortpflanzung (oder für die Abwehr gegen sie) spricht. Und daß der Einfluß von unmittelbaren Körperbedürfnissen auf den (säkularisierten) Kinderwunsch bislang unterschätzt oder überhaupt nicht zur Kenntnis genommen worden ist.

Ich könnte auch sagen: der Kinderwunsch wurzelt in der *Sexualität*, in einer eigenen Form generativer Sexualität oder sexueller generativer Bedürfnisse. Das bedeutet, daß bei einem Kinderwunsch oder der Abwehr gegen Fortpflanzung unbewußt libidinöse Kräfte im Spiel sind, daß der Wunsch nicht erschöpfend *rational* begründet werden kann, daß er als Thema für Befragungen - seien sie offizieller oder persönlicher Natur - Rationalisierungs- und Verschleierungsübungen geradezu herausfordert, ob die Befragten das nun selbst wissen oder nicht.

Gemeinhin werden ablehnende oder befürwortende Äußerungen zum Thema Kinderwunsch für bare Münze genommen - ich habe jedenfalls noch niemand getroffen, der es für nötig hielte, solche Einstellungen und Äußerungen (auch bei sich selbst) zu *interpretieren*. Das hängt damit zusammen, daß der säkularisierte Kinderwunsch in der öffentlichen und privaten Diskussion als einzig auf soziale Verhältnisse bezogen erscheint, vergleichbar etwa der Entscheidung, ob jemand seine Schwiegermutter in seine Wohnung aufnehmen oder für den Vorsitz eines Vereins kandidieren solle, und so auch ohne Rest rational diskutierbar. Wenn die den Wunsch in Bewegung setzenden Triebkräfte sich aber nun in sozialen und finanziellen Erwägungen keineswegs erschöpfen, wenn Körperbedürfnisse mitspielen, unkalkulierbare, spontane, unbewußte vielleicht sogar - dann hat das eine Bedeutung nicht nur für die Diskussion um Kinderwunsch und Kinderhaben, sondern auch für Theorien der

Bevölkerungsentwicklung[3] und für jede Art sogenannter Familienpolitik, die auf die Geburtenrate Einfluß nehmen will. Die materiellen Anreize, die seitens der Parteien und der Regierung in der BRD jetzt beraten oder auch schon in Praxis umgesetzt worden sind, wären dann in ihrer Wirkung äußerst unsicher und beschränkt. Das generative Verhalten der Bevölkerung ließe sich überhaupt mit politischen Mitteln schwerlich steuern, schon gar nicht von heut auf morgen.

Ich fasse meine Spekulationen zu einer These zusammen:

Die Verweltlichung hat den Kinderwunsch zu einer Sache der Individuen gemacht, aber nicht zu einer Sache ihrer allein rationalen Entscheidung. Anstelle des Glaubens oder des Sich-Fügens in eine als ewig und unveränderbar aufgefaßte Naturbestimmung bildet jetzt das sexuelle Begehren oder aber die Sexualscheu und -verdrängung das nicht-rationale Element im Kinderwunsch. Die Sexualität - ob als Begehren oder Abwehr - war gewiß immer schon ein Element des generativen Verhaltens, aber sie konnte sich vor der Säkularisierung noch nicht zu einem ursächlich wirkenden entfalten.

Was sollen wir uns nun konkret unter der sexuellen Natur des Kinderwunsches vorstellen? Ich möchte das, was ich dazu sagen kann, nicht aus den Orten, den Umgebungen herauslösen, an denen ich es erfuhr, d. h. ich möchte mich vor einer allzu raschen und vielleicht auch falschen Verallgemeinerung und Objektivierung hüten. Das soziale und theoretische Gelände, auf dem mir die Diskussion, aber auch bloßes Reden, Mitteilen, Spinnen über den Kinderwunsch begegnet ist, das war/ist die Frauenbewegung der letzten drei, vier Jahre, eine Zeit, in der die Inhalte der Emanzipation sich geöffnet hatten für eine Emanzipation der Körper. Wenn die Frauen oder: *wir* Frauen, auf den Kinderwunsch kamen, dann sprachen wir von unseren Körpern, von unserer Potenz, von den leiblichen und psychischen Erfahrungen, die Schwangersein und Gebären für uns bereithalten würden. Und umgekehrt: wo es die Körper waren, denen Neugier, Stolz, Wieder-Aneignungsbedürfnisse galten, da tauchte der Kinderwunsch auf.

Was mich an diesem in der Frauenbewegung formulierten Kinderwunsch berührt hat, war das mit Lusterwartung, Scheu, kühnen Worten und Verlegenheit vorgetragene *leibliche Bedürfnis*, ein Bedürfnis, das seine eigene Dynamik, seine Gezeiten und Ambivalenzen zu haben scheint. Der Wunsch der Frauen nach einem Kind *hat eine sexuelle Qualität*, eine Qualität, die mit *den* Formen von Sexualität, die wir als hetero- oder homosexuellen Koitus kennen, nicht identisch ist.[4] Zwar muß die Zeugung geschehen, damit ein Kinderwunsch sich erfüllt, aber der Kinderwunsch verschwindet nicht einfach im Verlangen nach der Zeugung. Ein solches Verlangen braucht einen Kinderwunsch nicht einmal zu begleiten. Die Sexualität im Kinderwunsch ist, so meine ich, eine eigene Spielart, und die scheint nun, seit sie als eigentümliche erkennbar werden könnte, eher von Verleugnung bedroht als zu Zeiten, in denen sie sozusagen blind befriedigt wurde.

Kinderkriegen hat nicht nur der biologischen Funktion nach, sondern auch in bezug auf psychische Vorgänge, auf Beteiligung, Beanspruchung und Erregung der inneren Organe, mit Sexualität zu tun. Eine Schwangerschaft ist ein *Körperphänomen*, sie besetzt, erobert, verwandelt den Frauenkörper - wie soll eine Frau anders auf das Raunen, Pochen, Zucken und Drängen in ihren sensiblen erogenen Organen reagieren als mit Verhalten, das ihr als sexuelles Reaktionsverhalten zur Verfügung steht: mit Widerwillen oder Panik wie beim erzwungenen Koitus, wenn die Schwangerschaft ihr als körperliche Vergewaltigung erscheint (was nicht bedeuten muß, daß ihr auch die Zeugung so erschien) - oder mit Erregung wie beim ersehnten Akt, wenn sie den Keim in der Gebärmutter als Befriedigung erfährt? Es kann keine Rede davon sein, daß eine Schwangerschaft lediglich ›*Folge*‹ ist, daß eine Geburt nur Qual, womöglich gar Strafe ist, daß alle körperliche Befriedigung *vorher* stattgefunden habe. Amerikanische Wissenschaftler haben gerade herausgefunden, daß der physiologische, hormonelle und muskeltonische Zustand einer Gebärenden (von der Erhöhung der Pulsfrequenz bis zur rhythmischen Kontraktion des Uterus) dem einer Frau im Orgasmus gleicht. Sie schließen daraus, daß es ursprünglich so etwas wie eine Idee der menschlichen Biologie gewesen wäre, den Frauen ein Gebären in Lust zu gönnen. Nun gut, Analogien beweisen nichts, schon gar nicht, wenn sie sich auf körperliche Befunde beziehen. Die Evolution hat der menschlichen Art durch den aufrechten Gang eine Verengung der Geburtswege und so auch ein Gebären und Zur-Welt-Kommen in Schmerzen aufgezwungen. Aber - dies können wir zugunsten der amerikanischen Forscher anmerken - ist nicht die Lust im Geschlechtsakt dem Schmerz nah? Was beiden Sensationen, der Geburt und dem Orgasmus eignet, ist eine Grenzüberschreitung: Das Bewußtsein wird trüb und der Körper wird geschleudert. Ob nun Lust oder Schmerz, du bist woanders.

Ein Zeichen für die Rückkehr der Fortpflanzungsvorgänge aus dem Bann von Gottvaters Fluch über Eva in die Zonen einer möglichen Lusterfahrung ist jedenfalls der weithin entbrannte Kampf um eine menschenwürdige Geburt, um Wiederaneignung der Bedingungen von Schwangerschaft und Niederkunft. Die Frauen entziehen sich der schematischen medizinischen ›Überwachung‹ und dem Zwang, als Einbauteil einer technischen Apparatur zu gebären - weil sie ahnen, daß ihnen durch die Mechanisierung und Technisierung der Fortplanzungsereignisse wesentliche psychische und Körpererfahrungen geraubt werden.

Sexualität in der allgemein so definierten Form, also die zeugende, kann auch in den Kinderwunsch hineinwirken. Ich erinnere mich an die Intervention einer Genossin am Berliner Frauenzentrum, vor etwa sieben Jahren. Wir diskutierten die Kinderfrage, und dieses Mädchen meinte, wir sollten aufhören, über fehlende Krippenplätze und kinderfeindliche Hauswirte zu reden, sollten uns stattdessen überlegen, ob wir nicht Beweggründe hätten, auf ein Kind zu ›verzichten‹, die wir uns lieber nicht eingeständen: »Ich denke an unsere Beziehungen zu Männern, und zwar an unsere sexuellen Beziehungen. Jedenfalls, wenn du echt verliebt bist, dann spielst du schon mal mit dem Gedanken an ein Kind, und wenn die äußeren Bedingungen noch so übel sind.«

Ein befriedigendes sexuelles Erleben führt immer zur Stärkung des Selbstbewußtseins, zur Verfeinerung der Sensibilität, oft zu einer ausgesprochenen praktischen und emotionalen Abenteuerlust. Sie öffnet die Erfahrungsbereitschaft der Beteiligten in Richtung auf eine Naturbestimmung ihrer Körper. Sie macht es Frauen, auch dann, wenn ihre soziale und ökonomische Lage Mutterschaft nicht empfiehlt, leichter, eine Schwangerschaft zu akzeptieren. Und ein Zustand sinnlicher Verschlossenheit läßt Frauen eine Schwangerschaft auch dann ablehnen oder mit gemischten Gefühlen aufnehmen, wenn die äußeren Bedingungen für's Kinderkriegen günstig wären.

Es gibt noch weitere, bzw. noch differenziertere Bezüge, in denen sich die generative Sexualität mit der zeugenden mischt. Insbesondere die psychischen Bilder und die emotionalen Spiegelungen des Kinderwunsches weisen auf Verschränkungen - oder, vielleicht, eine gemeinsame Wurzel - beider Formen hin. So hat das gewünschte Kind sicher immer wieder mit dem Mann zu tun, aber auch mit der eigenen Kindheit, z. B. mit dem berühmten Kind im Mann und mit der narzißtischen Erinnerung an das kleine Mädchen von einst, die frau einerseits beide festhalten, für die sie aber doch ein eigenes Objekt hervorbringen will. Ein Kind kann auch gewünscht werden, um zeugende Sexualität zu vermeiden, d. h. ein Kind (eine

Schwangerschaft) soll den Körper der Frau vor dem Eindringling schützen. Ferner gibt es aktuelle Varianten: Der Wunsch nach Kindern kann auch eine Reaktion sein auf die Überanstrengung durch eine Emanzipation, die zu sehr als Anpassung an männliche Werte und als Konkurrenzkampf begriffen worden ist. Hingabe ohne Angst vor dem Verlassenwerden. - All diesen Motiven ist gemeinsam, daß sie wie immer ambivalente Brechungen, Spielformen eines sexuellen Grundmotivs sind, eines Motivs, das sich zunächst als Körperempfindung und als Objekt von Sinnlichkeit herstellt und als solches dann vom - zögernden, erstaunten oder auch seiner selbst gewissen - Gedanken übernommen wird.

Eine Schwangerschaft kann von einer Frau körperlich bejaht und trotzdem um anderer Erwägungen willen abgebrochen werden; die ›äußeren‹ Motive wie Einkommens-, Ausbildungs- und Wohnsituation können durchaus entscheidendes Gewicht beibringen. Eine Schwangerschaft kann körperlich bejaht *und* zugleich sozial gewollt sein, das ist der *glücklichste* Fall. Der *unglücklichste* ist der, in dem die Schwangerschaft weder körperlich noch sozial akzeptiert wird - er muß so bald wie möglich durch Freigabe der Abtreibung aus dem Katalog möglicher Schicksale von Frauen getilgt werden. Schließlich gibt es den Fall der körperlich-sexuell abgelehnten oder indifferent aufgenommenen Schwangerschaft, die gleichwohl ausgetragen wird, weil sie sozial gewollt ist. Ich glaube, daß dieser nur *halb befriedigende* Fall immer noch der häufigste ist und daß die tendenzielle Abnahme dieser Fälle als Folge der Säkularisierung des Kinderwunsches, als Folge zugleich der wachsenden sexuellen Autonomie der Frauen einer der (verkannten) Gründe für den Geburtenrückgang in den industriellen Zentren ist. Wenn das wirklich stimmt, wenn die Frauen sich heute, bei den gegebenen Verhütungsmöglichkeiten, in ihren Wünschen nach Kindern stärker von den sexuellen Anteilen dieses Wunschbereichs leiten lassen als früher - das mag bewußt oder unbewußt geschehen und geschieht häufig unbewußt - dann würde die Entwicklung und Reife dieser spezifischen sexuellen Funktion einen zusätzlichen Erklärungsansatz bieten für den Rückgang der Geburten. Es ist denkbar, daß die psychosexuelle Reifung der Fortpflanzungsbereitschaft eine charakteristische Kurve beschreibt, die mit Sicherheit großen individuellen Abweichungen unterworfen ist, im Durchschnitt aber ihre Höhepunkte später und seltener in einer Biographie erreicht, als man bisher annahm. Beziehungsweise: annehmen wollte. Eine Folge der Entsexualisierung und Medizinisierung der Fortpflanzung war die Aufforderung an die Frauen, *jung* zu gebären; sie ist in ihren konteremanzipativen Auswirkungen, soweit ich weiß, bisher unerörtert geblieben. Die ›rein‹ medizinischen Argumente klingen schlagend: bei ›Spätgebärenden‹ erhöhe sich das Risiko (von Komplikationen bei der Geburt, von Schäden an der Frucht). Dieses Risiko ist jedoch, auf die große Zahl bezogen, geringfügig und wahrscheinlich längst nicht so gravierend wie die Beschädigungen, die Frauen - und dann auch ihre Kinder - durch verfrühte Mutterschaft erleiden.

Es gibt heute ein Geraune über Frauen in den 30ern, die sich, womöglich ohne Ehe, ein Wunschkind selbst schenken und dann auch noch damit glücklich werden. Ich glaube, dieser Trend ist mehr als eine exotische Blüte der Emanzipationsbewegung. Er *könnte* anzeigen, daß immer mehr Frauen mit dem Kinderkriegen warten, bis sie so weit sind, bis sie *selbst*, ihr Körper, ihre Psyche, ihr Kopf, wirklich *wollen.* Daß sie sich jenes Medium gönnen, das knapp geworden ist und dürr unter früh angedienten Rollenzwängen, das aber nötig ist wie sonst nichts, damit ein Wunsch, der entstehen und - hoffentlich - dann erfüllt werden kann, wirklich der *eigene* ist: Zeit.

Die Sexualität von der Fortpflanzung zu lösen - das war ein fortschrittliches, der Säkularisierung und ihrem irdischen Glücksversprechen verpflichtetes Desiderat. Wir kommen einer Erfüllung immer näher. Und wir erkennen nun eine denkwürdige Implikation dieser Forderung: Wenn die *Sexualität* von der *Fortpflanzung* abgelöst werden soll, dann heißt das, daß nur die Zeugung Sexualität ist, nicht die Fortpflanzung. Die wäre bloße ›Folge‹ des Sexualakts. Es liegt nahe, die Handschrift des Patriarchats in dieser Definition zu vermuten: Für die Männer ist die Zeugung, die ›Sexualität‹, tatsächlich Beginn und Ende ihrer generativen Tätigkeit, sie ist dabei ja selbst Element der Fortpflanzung. Vielleicht gibt es keine gründlichere Enteignung der Frauen um ihre sexuelle Potenz als die Verkürzung ihrer grandiosen generativen Rolle, genauer: der Partien, die erst nach dem Geschlechtsakt beginnen, auf eine mit Lasten befrachtete Notwendigkeit, auf ›Fortpflanzung‹, bloße Biologie, bloßes Funktionieren, für dessen Pein erst das Kind einen Lohn bringt, das keinen Lohn in sich und nichts unmittelbar mit Sexualität, mit der Lebendigkeit der Triebe zu tun haben soll.[5]

Damit keine Mißverständnisse aufkommen: Natürlich sollte Sexualität ohne Empfängnis und ohne Angst vor Schwangerschaft möglich sein. Die ›Trennung von Sexualität und Fortpflanzung‹ darf aber nicht über die Einseitigkeit der Trennbarkeit beider Phänomene hinwegtäuschen. Unsere praktischen Möglichkeiten, (zeugende) Sexualität von der Fortpflanzung loszukoppeln, haben uns vergessen lassen, daß trotz unserer Wünsche nach Sex ohne Angst vor Schwangerschaft der *Wunsch nach einer Schwangerschaft*, wenn er entsteht, ein zu Anteilen *sexueller* Wunsch geblieben ist (oder geblieben sein kann). Daß wir, wenn wir den Geschlechtsakt aus einer Verkoppelung mit der Fortpflanzung gelöst haben, nicht zugleich auch die Fortpflanzung aus ihrer Verkoppelung mit der Sexualität entlassen. Wir wollen und können das eine ohne das andere haben, aber nicht das andere ohne das eine. In dieser einfachen Tatsache: daß die Trennung von zeugender Sexualität und Fortpflanzung nur nach einer Richtung hin möglich ist, liegt der Grund für die Existenz unwillkommener, überraschender und Konflikte auslösender Kinderwünsche.

An die Frauen, die, wie vor Jahren die älteren Genossinnen aus der Protestbewegung, eines Tages mit Bestürzung feststellen, daß Schwangerschaft, Geburt und das Leben mit einem neugeborenen Kind für sie die Farbe eines Wunschtraums angenommen haben: Zerbrecht Euch nicht den Kopf darüber, wie Ihr wohl zu diesem Wunsch gekommen sein mögt; der ist älter als jeder Zweifel. Erfüllt ihn Euch, wenn Ihr könnt und verzichtet, wenn Ihr glaubt, es zu müssen. Aber die Fahndung nach den Gründen hat einen eng begrenzten Sinn. Ich habe Frauen getroffen, denen der eigene Kinderwunsch so sehr zum Problem wurde oder so sehr zum Problem geredet wurde von einer inquisitorischen sozialen Umwelt, daß der Fötus, wenn es denn so weit kam, nur in Gestalt eines Fragezeichens den Uterus bewohnt haben kann.

Da der Kinderwunsch zu Anteilen aus unseren Triebbedürfnissen herrührt, ist es auch nur begrenzt sinnvoll, ihn zu begründen und zu rechtfertigen - vor sich selbst und anderen. Wenn ich eine sehr spekulative These äußern darf: es kommt mir unwahrscheinlich vor, daß die Natur eine so bedeutende Angelegenheit wie die Fortpflanzung der Gattung auch nur der Möglichkeit nach von der rein rationalen Entscheidung der Individuen abhängig machen würde. Sie hat vorgesorgt: Auch bei perfekter Verhütung und vollkommener Verlagerung des Sozialprestiges weg von der großen Familie werden immer noch Kinder zur Welt kommen, wenn auch weniger, und zwar weil nicht nur das geschlechtliche Begehren, sondern mit einem gewissen Strang auch die Fortpflanzungsvorgänge in der menschlichen Triebstruktur verankert sind.

Das bedeutet etwas für eine soziale Moral im generativen Verhalten. Wir sollten vorsichtig sein mit Urteilen über Kinderwünsche und Nicht-Wünsche, seien es die eigenen oder die anderer. Denn da es Wünsche sind, die mit einem Bein - vielleicht auch nur mit einem Haar, aber das genügt schon - in unserem Unbewußten, unserem Triebleben stecken, hat die Zensur der Rationalität nur begrenzte Macht über sie. Wie man das bewerten soll, ist schwer zu sagen. Ich finde es *entlastend*, weil überall dort, wo Naturbestimmungen in unsere Handlungen eingehen, soziale und politische Kontrolle - Mächte also, denen wir mißtrauen sollten - schwerer zu etablieren sind. Gleichwohl handeln wir, gesellschaftliche Tiere, die wir sind, auch als Naturwesen im Kontext unserer Kultur und Identität - unsere Motive sind keine *Oberfläche*, kein bloßer psychischer Reflex auf Triebnatur; soweit ›Natur‹ unser Handeln bestimmt, handeln wir doch nicht regellos. Es gibt soziale Normen und Moralen, die uns auch da, wo wir nicht anders können als nicht-rational handeln, Stützen bieten oder Schranken setzen. Für den Kinderwunsch, der als individueller ja ein relativ junges soziales Phänomen ist, fehlt eine solche Moral noch. Je nachdrücklicher wir: Frauen, Paare, Kinder, wir, die *Basis*, eine solche Moral als eine tolerante, einfühlende, innere Abhängigkeit respektierende zu formulieren beginnen, desto schwerer wird es den institutionalisierten Mächten gemacht, *ihre* Interessen wie z. B. Bevölkerungswachstum, ideologische Aufwertung der kinderreichen Familie und Rekonstruktion des traditionellen Frauenbilds durchzusetzen und mit diesen Interessen zerstörend und entfremdend in unsere Wünsche einzudringen.

Anmerkungen

1 Genauer: Männer und Frauen hatten nur die Wahl, auf Sexualität zu verzichten - als Mönche oder Nonnen.

2 »In unseren Gesprächen kamen wir immer wieder auf einen Punkt: auf die Gründe für den Wunsch nach Kindern. (. . .) Nach den Erfahrungen der Frauen führt es unweigerlich in eine Sackgasse, wenn man Kinder *braucht*; um sich damit in seiner Weiblichkeit bestätigt zu fühlen; um eine zerstörte Beziehung zu kitten; um sich geliebt zu fühlen . . .« Aus: Barbara Bronnen, *Mütter ohne Männer,* Düsseldorf, Wien 1978, S. 52/53.

3 G. Heinsohn, R. Knieper und O. Steiger haben das Buch *Menschenproduktion. Allgemeine Bevölkerungstheorie der Neuzeit* (Frankfurt 1979) herausgebracht. Sie vertreten in Bezug auf die Motive für Fortpflanzung einen extrem rationalistischen, ja man muß schon sagen ›vulgärmaterialistischen‹ Standpunkt, der m. E. ihren Ansatz infrage stellt. »In den entwickelten Gesellschaften mit fortgeschrittener Verallgemeinerung der Lohnarbeit existieren Angebote an die Frauen, welche die Mutterschaft selbst zur Einkommensquelle machen sollen. (. . .) Die Angebote kommen noch

überwiegend von männlichen Privatpersonen, doch auch der Staat erprobt Mutterschaftsentlohnung. (. . .) Für beide Unterhaltsangebote (. . .) gilt aber, daß die Wahrscheinlichkeit eines Kindes - Verhütungsfähigkeit unterstellt - um so größer wird, je näher das Angebot an die Summe aus Kinderkosten plus entgangenem Einkommen heranrückt.« (S. 239/240)

4 Ich spreche im folgenden nur von und für Frauen. Daß auch Männer Kinderwünsche kennen, ist wohl unbezweifelbar, aber wie sie sie erleben, das zu beschreiben traue ich mir nicht zu. Ich weiß zu wenig darüber.

5 »Der Widerstand von Frauen gegen die traditionellen Verhütungsmittel hat sich seit geraumer Zeit hinter dem Rücken auch der Linken durchgesetzt. Die Einstellung ›ich lasse es drauf ankommen‹ drückt jedoch mehr aus als ein laissez-faire aus Pillenmüdigkeit. Die Kontroverse um Gebärzwang und Kinder als Last (am Beispiel der Diskussion um Reagenzglas-Kinder der S. Firestone) und um eine positive Bestimmung der Gebärfähigkeit und Kinder als Stärke und Potenz der Frauen hat begonnen, den Boden der theoretischen Auseinandersetzung zu verlassen. Mehr Frauen denn je haben sich entschlossen, Kinder zu bekommen und mit ihnen zusammenzuleben.« Regina Scheider, ›Selfhelp‹, in: *Schwangerschaft und Geburt,* München 1977.

Vergewaltigung und Sexualität
Versuch über eine Grenzlinie

In ihren Diskussionen über Vergewaltigung hat die Frauenbewegung indirekt die Umrisse eines Konzepts von (weiblicher) Sexualität erkennen lassen, das zu viel ausspart, als daß das nun alles sein dürfte. Sicherlich, das Thema lädt dazu ein, den *Frieden* im Erleben und Äußern von Sexualität zu betonen, aber dabei darf es nicht bleiben, denn: auch dieser Frieden ist militant. So gewiß eine Vergewaltigung nicht nur den Frieden, sondern die körperliche Integrität einer Frau angreift, also ein ordinäres Gewaltverbrechen ist wie jede schwere Körperverletzung, so gewiß geht doch Sexualität nicht auf in einer schlichten Übereinstimmung der Körper, in einem Austausch von Bejahungen. Es hat da, scheint mir, eine implizite Einigung gegeben, die vorschnell war: eine Fiktion von Eierkuchen-Sexualität, in der zwei lächelnde Gesichter und vier offene Arme zufrieden ineinandersinken. Solange der feministische Protest gegen die Verharmlosung einer Vergewaltigung sich auf die Fiktion einer weiblich-friedlichen Sexualität, die sich zusammenfassen ließe in der Parole: wenn eine Frau nein sagt, dann meint sie auch nein, stützt, solange bleibt die Grenzlinie zwischen Körperverletzung und Sexualität undeutlich. Auf diese Grenzlinie aber kommt es gerade an.

Peggy Parnass hat versucht, wider den Stachel zu löcken - es ist ihr schlecht bekommen. Es trug ihr eine ›Pascha‹-Nominierung in der ›Emma‹ ein[1], eine Spitzennominierung: sie war die erste Frau. Haben wir denn nicht, schrieb Parnass zum Thema Vergewaltigung, den Wunsch, von einem Mann, den wir selber stark begehren, »heftig genommen zu werden«? Für die Verwendung dieses Klischees hätte Parnass vielleicht einen kleinen feministischen Verweis verdient, aber inhaltlich war sie eben doch auf der richtigen Fährte. Vielleicht haben wir diesen Wunsch, dachte ich, als ich ihren Beitrag las, aber abgesehen davon, daß wir ihn nicht durch eine Formulierung wie ›heftig genommen werden‹ disqualifizieren dürften - ist es tunlich, ihn im Zusammenhang einer Diskussion über Vergewaltigung, welchletztere, wenn sie eine ist, mit diesem Wunsch nichts zu tun haben kann, überhaupt zu erwähnen? Je länger ich darüber nachdachte, desto unumgänglicher schien es mir, von diesem Wunsch zu sprechen, von ihm und von anderen tabuierten Erwartungen, Regungen, Ideen und Phantasien unserer Körper. Anders ist die offenbar unbekannte Grenzlinie zwischen Körperverletzung und Sexualität, zwischen Verbrechen und Lust, die das Thema Vergewaltigung der Klärung entzieht, nicht aufzudecken.

Neulich berichtete mir meine Freundin Esther von einem Besuch des Films ›Schrei aus der Stille‹ (Autorin: Poirier), einem Anti-Vergewaltigungsfilm, in dem zu Beginn der Vergewaltigungsakt, aus der Perspektive der Frau, gezeigt wird. Esther arbeitet als Dozentin an der Volkshochschule, sie bereitet junge Frauen, die keine Arbeit, oft aber eine Biographie zwischen Heim und Jugendknast haben, auf den (nachzuholenden) Hauptschulabschluß vor. Sie besuchte den Film mit ihren Kurs-Frauen. Hinterher diskutierte die Gruppe. »Fandet ihr nicht«, so wiederholte Esther eine mehrfach geäußerte Kritik an dem Film, »daß die Vergewaltigungsszene am Anfang zu realistisch und zu ästhetisch war? Daß sie etwas hatte von einem Porno-Film, ja, daß man fürchten muß, daß Männer durch eine solche Szene stimuliert werden?« »Was hießt hier Männer?« sagte da Kursfrau Gaby, »*mich* hat diese Szene angemacht«. »Das Irre ist«, schloß Esther ihren Bericht, »daß ich, als dieser Einwurf kam, wußte: es war mir genauso gegangen. Aber glaubst du, ich hätte es ohne Gabys Bemerkung noch gewußt? Ich hatte es verdrängt, zensiert. Ganz automatisch«.

Daß die sexuellen Phantasien von Frauen Vorstellungen von Vergewaltigung einschließen, daß also die Vorstellung einer Vergewaltigung nicht nur Männer ›anmacht‹, wurde lange vermutet, inzwischen scheint es empirisch belegt. Mit der wissenschaftlichen Erhebung hat sich aber gottlob auch die Interpretation geändert: Vergewaltigungsphantasien gelten nicht mehr als Beleg für einen elementaren Masochismus des Weibes, sondern lediglich als bildliche Transporte, als Metaphern für die in der ›normalen‹ Sexualität angelegten Bewegungen der Flucht und der Verfolgung, des Versteckens und der Entdeckung, des Verschwindens und des Erscheinens, der Empfindungen von Neugier und Angst, von Schmerz und Erlösung, von Täuschung und Überraschung. Alle diese Bewegungen und Empfindungen konstituieren ein Ritual, ein Spiel, oder wie es manchmal auch heißt: einen ›Tanz‹, an dessen Gesetze der Vollzug von Sexualität gebunden ist. In den Figuren dieses Tanzes müßten die Elemente verborgen sein, anhand derer sich die gesuchte Grenzlinie nachzeichnen ließe.

Wenn sich die Grenzlinie zwischen Lust und Körperverletzung überhaupt verwischen läßt, wenn Parnass mit ihrer These von der ›Heftigkeit‹ auf der richtigen Fährte war, dann muß es in der Lust selbst ein Moment von (potentieller) Verletzung, von Gewaltsamkeit geben oder, um es in den klassischen Termini auszudrücken, Sexualität als nicht-pervertierte müßte mit einem Stück Sadismus und seinem Komplement, dem Masochismus, legiert sein. Daß das wirklich so ist, scheint mir seit langem bekannt zu sein. Aber die (neue) Frauenbewegung, die doch mit einer feministischen sexuellen Revolution begann, macht einen Bogen um die Implikation dieser Erkenntnis[2]. Sie hat sich weitgehend darauf beschränkt, die These vom Masochismus des Weibes zurückzuweisen, eine These, die, soweit ich weiß, eine theoretische Ausformulierung gar nicht erfahren hat, als Meinung aber verbreitet genug war, um dazu beizutragen, die Vergewaltigung als Verbrechen im öffentlichen Bewußtsein zu verharmlosen. Das vorläufig letzte Wort in dieser Polemik haben die Wiener Soziologinnen Cheryl Benard und Edit Schlaffer in ihrer brillanten Expertise über den verbreiteten Typ des masochistischen Mannes in der schönen Literatur gesprochen[3].

Die Diskussion, soweit sie überhaupt geführt wird, kreist um Zuordnungsfragen: welches Geschlecht ist das sadistische, welches das masochistische? Die Frauen verwahren sich dagegen, in die Leidensbereitschaft abgeschoben zu werden, zu Recht, wenn man bedenkt, in was für Rechtfertigungssysteme die kühne These von der weiblichen Lust am Schmerz eingebaut war. Aber auch der nächste Schritt, die Beanspruchung eines Stücks Sadismus für Frauen - indirekt geschieht ja eine solche Beanspruchung, wenn Frauen einen männlichen Masochismus entdecken - verläßt die Ebene des Zuordnungsstreits noch nicht. Es gibt, vereinfachend gesagt, drei Möglichkeiten, das Problem zu lösen bzw. sich seiner zu entledigen. Erstens, der Sado-Masochismus wird als Perversion abgedrängt und braucht deshalb in der Diskussion um die ›normale‹ (weibliche) Sexualität keine Rolle mehr zu spielen; zweitens, der Sado-Masochismus wird von den Frauen weg auf die Männer projiziert, wobei die heterosexuellen Männer den Sadismus und die homosexuellen den Masochismus zugeteilt bekämen; drittens - und die Leser(innen) ahnen bereits, daß jetzt die ›richtige‹ Antwort folgt - wir lassen die Überlegung zu, ob nicht der Sado-Masochismus, die Lust am Zufügen und

Erleiden von Schmerz, ein der ›normalen‹ individuellen Sexualität innewohnendes Element ist, ein Element aus den Figuren des ›Tanzes‹, unabhängig zunächst vom Geschlecht (und nur durch die jeweiligen kulturellen Definitionen aufgespalten - in hie Sadismus, da Masochismus - und polar auf die Geschlechter verteilt). Wenn diese Überlegung richtig ist, lohnt es sich, jenseits der je herrschenden ›Zuordnung‹ und ihrer Kritik, das Element der Schmerz-Lust selbst, als ein doppeltes, aber ungespaltenes und als frei vom einengenden Merkmal der Definition (›des‹ Weiblichen oder ›des‹ Männlichen) genauer zu betrachten.

Wenn ich davon spreche, daß die Lust am Erleiden oder Zufügen von Schmerz der ganz ›normalen‹ Sexualität innewohne, dann meine ich damit nicht, daß wir alle verhinderte Flagellanten seien. Ich meine damit, daß in der ›normalen‹ Geschlechtslust, im Orgasmus, ein Schmerz wohnt, den zu suchen wir ›normale Masochisten‹ und den zuzufügen wir ›normale Sadisten‹ sein müssen. (Ich verzichte jetzt lieber wieder auf das Begriffspaar ›Sadismus‹ und ›Masochismus‹ weil es nicht ganz paßt, weil es, eng gefaßt, einen anderen, einen paraorgastischen Schmerz meint, der nur die Lust*suche* begleitet). Die orgiastische Lust selbst wirft das fühlende Individuum nicht nur in seinen ›Himmel‹, sie verwundet es auch. Alle Umschreibungen, die für den Orgasmus gängig sind, belegen das: er sei ein »kleiner Tod«, ein »Sturz«, er »höbe die Ich-Grenzen auf«. Ich weise ja hiermit auf nichts Neues hin, vielleicht aber auf etwas relativ Vergessenes: wir sind es, gerade als Frauen, und als Angehörige einer ›sexualrevolutionären‹ Generation quasi gewohnt, von der Sexualität allein ›die Befriedigung‹, die Spannungslösung, das Glück, den Spaß zu erwarten - so daß wir das Bedrohliche, das der »Sturz«, der »kleine Tod« und die Entgrenzung für das Ich auch immer bedeuten, nicht sehen. Ja, wir kommen, als Feministinnen, sogar so weit, das ›Bedrohliche‹ für eine Zutat der Männer zu halten, für ein Element, das frau loswerden kann - und sollte, z. B. durch Penis-Boykott. Es wirft ein Licht auf die Art der lesbischen Beziehungen in der Frauenbewegung, daß diese Projektion möglich war. Eine sexuelle Beziehung ohne ›Militanz‹, ohne Schmerz-Lust, ist etwas Gekünsteltes, ein Unding.

Vor ungefähr drei Jahren lief in der Bundesrepublik der japanische Film ›Im Reich der Sinne‹ (Autor: Oshima). Er war in die Schlagzeilen geraten wegen einer grotesken Pornographie-Affäre, die aber dann mit der Freigabe des Films endete. Ich habe selbst den Film nicht gesehen, ich habe mir sagen lassen, er sei eher langweilig, aber darum geht es hier nicht. Ich kenne die Geschichte (die ›story‹) des Films, und die scheint mir schlüssig: ein Liebespaar, das in einer Art von Besessenheit alles Leben und alle Kommunikation außerhalb seiner Körper dispensiert, braucht den Tod, um sich seiner Liebe zu vergewissern: die Frau erwürgt den Mann, der dies selbst wünscht, während des Akts: sie schneidet danach dem Toten die Genitalien ab, die sie als Reliquie behalten will. (Die Geschichte soll wirklich passiert sein). - Das Motiv des Liebestodes ist in der dramatischen Literatur uralt; was aber ›Im Reich der Sinne‹ von ›Romeo und Julia‹ unterscheidet, ist die Konzentration auf die Sexualität, der Verzicht auf jede Nebenhandlung, auf das Hereingreifen von ›Gesellschaft‹, die als Intrige oder sonstige soziale Nötigung die Liebenden zur letzten Konsequenz triebe. Im ›Reich der Sinne‹ kommt die letzte Konsequenz aus der Sexualität selbst, die Dichotomie Gesellschaft (oder besser: Soziabilität) und Sexualität wird *in* der Sexualität aufgedeckt. Aus dem »kleinen Tod« wird ein wirklicher Tod, und die filmische Darstellung, wenn sie gelungen war, müßte gezeigt haben, daß in diesem Übersprung eine immanente Logik liegt.

Ich zitiere ›Im Reich der Sinne‹, weil es mir möglich und nötig erscheint, die Geschichte, die dieser Film erzählt, zu verstehen nicht als die eines Exzesses oder einer Abweichung, sondern als die eines Extrems. Im Extrem verbildlicht und verdeutlicht sie das, was ich mit ›Schmerz-Lust‹ oder ›Militanz‹ des sexuellen Friedens (der Befriedigung) meinte. (Sie hat überdies den Vorteil, daß es das Mädchen ist, das in ihr den - letalen - Schmerz zufügt, daß sie also das Thema ›Grenzlinie zwischen Verletzung und Lust‹ jenseits der traditionellen Zuordnung ansiedelt).

Gewiß bewahrt der gemäßigte Normalfall die Individuen vor Verletzung oder Tötung, aber er läßt sie doch etwas ›Bedrohliches‹ spüren - so es denn wirklich Lust ist, die sie empfinden. Das ›Bedrohliche‹ - und dies ist ein sehr wichtiger Punkt - geht nicht primär von der/dem anderen aus, es entstammt dem eigenen Lustempfinden, dem eigenen Körper, es spiegelt sich nur im anderen. Aber was heißt ›nur‹, der Spiegel ist wesentlich. Die Rolle, die er spielt, ist immerhin so groß, daß sich schon in das sexuelle Interesse Angst, ja, Abwehr mischen können. Letztere kann sehr stark werden, gerade wenn das Interesse stark ist. Unsere pseudo-hedonistische Kultur kommt mit diesem Widerspruch nicht zurecht, sie versucht beharrlich, die Passion aus der Ekstase zu vertreiben, um das Vergnügen als reines übrig zu behalten; so wird aus dem Sinnengenuß eine Näscherei, aus dem ›Tanz‹ ein (Seiten-)sprung. Wenn die Frauenbewegung sich ihre Radikalität erhalten will, muß sie aufhören, an der Domestizierung von Sexualität mitzuarbeiten, indem sie etwa glauben macht, es bräche ein sexueller Frieden aus, sobald nur die Männer das Feld räumen oder wenigstens dessen von Frauen zu formulierende friedlich-eindeutige Gesetzmäßigkeit respektierten.

Der Kernpunkt meiner These vom Schmerz in der Lust ist, daß der ›Schmerz‹ in der Lust selbst steckt, daß er nicht als Wunsch, zuzufügen oder zu empfangen, auf die Geschlechter verteilbar ist, sondern sozusagen jedem Individuum droht, das überhaupt Lust sucht oder findet. Seit also das Patriarchat eingestehen mußte, daß auch Frauen fähig sind, einen Orgasmus zu erleben, hätte es sich von der Vorstellung eines elementaren rein weiblichen Masochismus (und seinem Komplement, dem rein männlichen Sadismus) trennen müssen. Daß ihm das so schwerfällt, zeigt, wie erschütterlich sein neuerer Glauben an die weibliche Lustfähigkeit noch ist. Es hat allerlei Klauseln in Umlauf gesetzt. Wohl sei das Weib des Höhepunkts fähig, aber ... Seine Kurve verlaufe flacher ... Es wünsche deshalb mehrere Orgasmen ... Es brauche mehr Zärtlichkeit ... Und mehr Gefühl ... Dies alles drohe, den Mann zu überfordern und mit Impotenz zu schlagen ...

Ich bin gespannt, wie lang diese Liste von Projektionen und Abwehrtechniken im Laufe der Zeit noch werden wird. Die Frauen möchte ich warnen: es führt zu nichts, wenn wir die ›schmeichelhaften‹ Zuschreibungen (mehrere Orgasmen, mehr Gefühl etc.) herausgreifen und sie gegen die Männer kehren. Da sie nicht stimmen, können sie uns nichts nützen. Je stärker ein Geschlecht versucht, auf dem Feld von Sexualität dem anderen seine Bedingungen zu diktieren - anstatt zu sehen, daß es nur ein Bedingungsgefüge gibt, das für beide Geschlechter gilt - desto fremder wird uns die Lust, desto bereiter wird auch das Feld für lustfremde Gewalt. Ich versuche hier mal mit einer These einen Hieb durch den gordischen Knoten: Sexualität ist bigeschlechtlich, es gibt sie sozusagen nur einmal, in einer Gestalt, und in der ist sie in jedem, in jeder von uns. *Wir* sind eingeschlechtlich, aber das sagt viel weniger als bisher angenommen über uns einzelne als sexuelle Wesen. Ich glaube nicht, daß sich das Sexualerleben, der ›Tanz‹ im engeren Sinn, von Geschlecht zu Geschlecht wesentlich unterscheidet. Abgesehen von den mit der Mutterschaft verbundenen sexuellen Funktionen, die den Frauen vorbehalten sind, bleibt die sexuelle Erregung und die Geschlechtslust sich gleich, egal, wes Geschlechts der Körper ist, der sie fühlt. All die sorgsam gehegten ›feinen Unterschiede‹ (in der ›Kurve‹, im Zärtlichkeitsverlangen etc.) werden sich nach und nach als Folgen der je geschlechtsspezifischen Beschädigungen erweisen und nicht als genetische Codes. Daß beispielsweise Männer rasch zur Sache kommen wollen, ist nicht mit ihrer größeren (biologisch-sexuellen) Angriffslust zu erklären, sondern mit einer (historisch beschreibbaren) Entstellung ihrer Sexualität, die es ihnen offenbar erschwerte, einen verschlungenen Weg zur Differenzierung ihres Lusterlebens einzuschlagen.

Über den Charakter der zu einem Ritual oder ›Tanz‹ zu fügenden Elemente (von Bewegungen, von Empfindungen), den wir erkunden wollten, können wir jetzt sagen: er sieht für beide Geschlechter Figuren des Sich-Entziehens, des Sich-Weigerns, der Flucht, des Versteckens vor; da aber nicht schlicht der Schmerz geflohen, sondern die mit ihm legierte Lust zugleich gesucht wird, gibt es auch die Figuren des Sich-vor-Wagens, des Entschlusses, der Verfolgung, der Entdeckung, ja, des Angriffs - für beide Geschlechter. Diese Figuren werden ›getanzt‹ nicht nur auf den je anderen Körper zu oder von ihm weg, sondern auch auf den eigenen zu oder von ihm weg. Gewiß gehört es zu den übelsten Hervorbringungen des Patriarchats, daß es durch seine engen Zuordnungsdiktate es den Männern erschwerte, Lust zu suchen über die Figur der Flucht und es den Frauen fast unmöglich machte, Lust zu suchen über die Figur des Sich-vor-Wagens.

Zwar gibt es Bevorzugungen mancher Figuren, die den Individuen durch ihre Lebensgeschichte und durch ihr biologisches Geschlecht nahegelegt werden. Aber Festlegungen? Unsere Kultur, die sich durch ihren Glauben an die Machbarkeit von allem und jedem auszeichnet, wird merkwürdig dogmatisch, wenn es um die Frage der Öffnung sexueller Rollen geht. Aber ich vermisse nicht nur Phantasie und Experiment in bezug auf Erweiterung der traditionellen Rollen-Fächer, sondern auch die Fähigkeit, ein bestimmtes Rollenelement als doppeldeutiges oder doppelpraktisches zu verstehen. Die meisten Eigenschaften haben eine komplementäre Seite - die zwar nach innen oder unten gekehrt sein mag, aber deshalb nicht weniger wirksam ist. ›Wie man's auch dreht und wendet‹, murmelt das aufgeklärte, lernbereite Patriarchat, ›die Frau ist nun mal durch ihre Anatomie eher zur Passivität bestimmt‹. Fragt frau, alarmiert durch das verräterische ›nun mal‹ nach, was da gemeint sei, erfährt sie, daß Passivität gleichgesetzt wird mit der Bereitschaft, etwas Nicht-Gewolltes über sich ergehen zu lassen. Der Unterwerfungswunsch, den jede Herrschaft in sich wachhalten muß, hat im Falle der Männerherrschaft die Vorstellung von sexueller Passivität nachhaltig pervertiert. Selbst wenn Frauen der Passivität stärker zuneigen sollten als Männer - wieso ›nun mal‹? Es bedeutete nur, daß sie sich einer Situation besser überlassen, nicht daß sie sich besser überwinden können. Was für ein Glück ist die Fähigkeit zur Passivität, wenn es unwillkürliche Körpersensationen sind, die die Sekunde regieren! Der alte Freud war hier ein besserer Dialektiker als wir, die wir glauben, so viel weiter zu sein. »Man könnte daran denken«, schrieb er, »die Weiblichkeit psychologisch durch die Bevorzugung passiver Ziele zu charakterisieren«. Aber das dürfe nicht mißverstanden werden: »Es mag ein großes Stück Aktivität notwendig sein, um ein passives Ziel durchzusetzen.«[4]

Was ist nun der langen Rede Sinn für das Thema Vergewaltigung? Eine Vergewaltigung ist nur sehr vermittelt ein sexueller Akt, sie ist, das hat die Frauenbewegung wiederholt einleuchtend dargestellt, zuvörderst eine Demonstration von Macht, von Autoritäts- und Unterwerfungswillen, ein Versuch, die Dominanz der Männer mit den Mitteln körperlicher Gewalt (wieder)herzustellen, ähnlich wie das Verprügeln der Ehefrauen und Freundinnen. Der Vollzug des Gewaltakts mit dem Sexualorgan sexualisiert diesen Akt nicht, sondern zeigt nur, daß der Vergewaltiger nicht allein die Frau, sondern auch die Sexualität verachtet und unterwerfen will. Eine Verwechslung von Vergewaltigung mit der Figur ›Flucht‹ und ›Angriff‹ im sexuellen Ritual verböte sich also von der Sache her. Es ist das Patriarchat, das seit Ewigkeiten diese Verwechslung suggeriert und für sich, wo es vergewaltigt, frech die mildernden Umstände sexueller Ekstase reklamiert. Für diesen kalten Hohn auf die Frauen und auf die Sexualität hat es jeden Tritt in seine Weichteile verdient. Wir aber arbeiten ihm zu, wenn wir, statt die Grenzlinie zwischen Gewalt und Lust unter Rücksicht auf die Figur ›Flucht und Angriff‹ (also auf die Schmerz-Lust) neu zu bestimmen, die Existenz oder Berechtigung jener Figuren leugnen und so dem Patriarchat die Möglichkeit lassen, die ja tatsächlich existierenden Figuren vorzuschieben, wenn es Gewaltakte begeht.

Es ist sehr gut möglich, daß eine Frau ›nein‹ sagt, wo sie ›ja‹ meint, es ist ebensogut möglich, daß ein Mann das tut. Und beide brauchten doch nicht zu täuschen, sondern im ›nein‹ das ›ja‹ meinen, wie überhaupt - wegen des Doppelcharakters der Lust - ein Ja vom Nein manchmal schwer zu scheiden ist, das eine sich im anderen ausspricht und die Lust durch Vertauschung, Täuschung und Verwirrung, die immer auch ›ehrlich‹ sind, gesteigert werden mag.

Es ist dennoch letztlich unmöglich, ein um Lusterwartung und

-angst kreisendes Nein zu verwechseln mit dem Hilferuf eines Vergewaltigungsopfers: und daß sich das Patriarchat in dieser Verwechslung so verdammt sicher fühlt, spricht ein hartes Urteil aus über die Qualität der erotischen Kultur, die es geschaffen hat. Eine Unkultur, so nihilistisch und brutal wie die Erektion eines Vergewaltigers. Warum gibt es nicht mehr Männer, die davor erschrecken, daß Vergewaltigung möglich ist, daß sie als Sexualdelikt abgehandelt wird, womit implizit die Sexualität der Männer zur Zuchtrute herunterkommt? Die, die ihr Erschrecken doch ausdrücken, stehen jedenfalls auf unserer Seite, die Front in Sachen Vergewaltigung trennt nicht die Geschlechter, sondern das Patriarchat von seinen Kritikerinnen und Kritikern.

Es ist vielleicht ein Trost, daß das Patriarchat mit seiner Verwechslung von Lust-Nein und Verzweiflungs-Nein vor allem seine eigene Sexualität denunziert hat. Da gibt es auch für Männer nichts mehr, das sie zu verteidigen hätten. Wir könnten ganz neu beginnen.

Anmerkungen

1 Heft 4, 1980
2 Das gilt natürlich nicht für jede Feministin. Es gibt Ausnahmen, z. B. Mona Winter in: Kursbuch 60, Berlin 1980; Renate Schlesier in: *Weiblich - Männlich,* Berlin 1980; Maria Wieden in: Ästhetik und Kommunikation, Heft 43, Berlin 1981.
3 in: *Der Mann auf der Straße,* Reinbek 1980
4 S. Freud, *Gesammelte Werke,* Bd. 15, Frankfurt 1961, S. 123

Über die Schönheit, die Demokratie und den Tod

Das Frauenleitbild, das vor knapp 20 Jahren *Betty Friedan* mit ihrem Buch ›Der Weiblichkeitswahn‹ zertrümmerte, hatte nicht nur die häusliche und die mütterliche, sondern auch die *attraktive* Frau propagiert. Die mit ihrer weiblichen Bestimmung identifizierte Frau sollte nicht nur Hausmütterchen sein, sondern auch gut aussehen. Verglichen mit dem traditionellen Klischee vom Heimchen am Herd war da etwas Neues. Unsere Großmütter, waren sie erstmal unter der Haube, konnten aussehen wie sie wollten, Hauptsache, sie verletzten ihre Ehe- und Mutterpflichten nicht. Schönsein gehörte nicht dazu, es war eher verdächtig. Für die heute gealterte Generation von Frauen galt seinerzeit Ähnliches. Erst der ›Weiblichkeitswahn‹ der fünfziger Jahre machte Attraktivität zu einem obligatorischen Attribut für *jede* Frau und nicht nur für die Ausnahme, etwa das Mannequin oder die Filmschauspielerin. Die moderne Hausfrau der Nachkriegsprosperität hatte nicht nur Küchenfußböden und Kindernasen zu putzen, sondern vor allem ihre eigene Erscheinung. Und die sollte nach Möglichkeit nicht bloß adrett, sondern *sexy* und, natürlich, in jedem Alter *jugendlich* sein.

Als dann der Weiblichkeitswahn, der ja Berufstätigkeit und Bildung für Frauen als ›unweiblich‹ und schädlich verdammte, endlich als das durchschaut wurde, was er war, da geriet ganz folgerichtig auch der Zwang zum guten Aussehen ins Feuer der Kritik. Frauen verschiedener Altersstufen und unterschiedlicher Profession, auch männliche Autoren mit genügend Feingefühl für verhüllte Formen von Diskriminierung, wandten sich vehement gegen das Attraktivitätsdiktat der Medien, der Modeindustrien und des korrumpierten öffentlichen Geschmacks. In Amerika errichteten women's-lib-Gruppen einen Scheiterhaufen aus Büstenhaltern und sprengten die Schönheitsköniginnenwahl. Viele ältere Frauen hörten auf, mit Hormoncremes, Wasserstoffsuperoxyd oder chirurgischen Eingriffen ihre Jahre zu verleugnen: Warum nicht Falten und graues Haar, die Spuren eines gelebten Lebens, zeigen als Lebens-Zeichen, die ihren eigenen Reiz haben? Die Mode folgte der Emanzipation und wurde anarchisch: Alles war tragbar, jede Rocklänge, jede Farbe, jeder Stil. Zur Königin der Kleidungsstücke avancierten bei beiden Geschlechtern die *Jeans,* sie traten einen internationalen Siegeszug an. Jeans waren gewiß in erster Linie ein Symbol der Verweigerung - von Aufstiegsstreben, von Disziplin - in der *jüngeren* Generation, ganz wie die langen Haare der Männer. Aber sie spiegelten auch die Emanzipation der Mädchen von den Weiblichkeitsnormen der Elterngeneration, vor allem von der Nötigung, auf eine feminine Art hübsch und ›gepflegt› zu sein.

In der Frauenbewegung war die Frage des Aussehens und der Arbeit an der äußeren Erscheinung stets akut und kontrovers. Einig waren sich die Frauen darin, daß das Schminken, Schick-Anziehen usw. seine zwanghafte Seite hat: Frau tut es, weil es so von ihr erwartet wird, und weil sie inzwischen selbst nicht anders kann. Aber will sie eigentlich? Es kann eine große Erleichterung sein für eine Frau, wenn sie Lockenwickler, Deospray und Enthaarungscreme einfach vergißt und struppig wie Gott sie schuf ihres Weges geht. Auf der anderen Seite finden viele Frauen wirklich Spaß am Schminken, Schmücken und Frisieren, und es ist nicht selten vorgekommen, daß ein Diskussionsabend in der Frauengruppe damit endete, daß die Frauen ihre Blusen tauschten und sich gegenseitig die Haare aufsteckten.

Wo endet die Freiwilligkeit, der Spaß am Verschönern und Verwandeln, und wo beginnt der Konformitätsdruck, der Zwang zum ›korrigierenden‹ Verdecken der individuellen Erscheinung?

Wir müssen noch eine Frage dazwischenschieben: Warum sind es nur *die Frauen,* an die die Aufforderung zur Verschönerung ergeht, warum nennt man *sie* ›das schöne Geschlecht‹?

Der Zusammenhang ist im Grunde einfach: In einer Gesellschaft, wie der unsrigen, in der die Schlüsselpositionen gesellschaftlicher Macht und Geltung in den Händen von Männern liegen, hängen Prestige, Erfolg und Einfluß, den Frauen erringen können, nicht unwesentlich davon ab, daß sie von Männern akzeptiert werden. Und dieses Akzeptiertwerden schließt - da es sich bei dem Herrschaftsverhältnis, das wir hier betrachten, um ein Verhältnis zwischen den *Geschlechtern* handelt - immer das Geschlechtliche ein. Vereinfachend können wir so sagen: Die Männer haben die Welt oder das, was an ihr interessant, was im emphatischen Sinne ›Welt‹, Außenwelt ist, unter sich aufgeteilt. Politische und wirtschaftliche Macht, produktive Arbeit, Wissenschaft, Kunst und andere öffentliche Betätigungsfelder sind Domänen der Männer. Den Frauen bleibt eigentlich nur *eine* ›ureigene‹ Sphäre: Die des Geschlechtlichen selbst. Und innerhalb der Sphäre des Geschlechtlichen ist der Reiz, den das eine Geschlecht auf das andere ausübt, eine Form von *Macht.* In der Redewendung vom ›schönen Geschlecht‹ ist die Schönheit eine Chiffre für *die* Macht, die die Frauen als einzige besitzen dürfen, für die Reduktion weiblicher Lebensperspektiven auf das Geschlechtliche. Eine Reduktion, die übrigens nicht mal in Hoch-Zeiten des Patriarchats *ganz* gelang, die andererseits aber noch heute, wo Frauen längst wieder mit Männern um Positionen und öffentliche Geltung konkurrieren, als Tendenz spürbar bleibt.

Wie nun gehen wir um mit *der* Macht, die uns das Patriarchat gönnt (zu seiner eigenen Erbauung gönnen muß) - mit der Schönheit? Ich sollte einflechten, daß ja die patriarchale Reduktion auf das Geschlechtswesen den Frauen auch die Macht der Schönheit keineswegs immer belassen hat. Es gab/gibt Gesellschaften und Kulturformen, die von den Frauen um ihrer mütterlichen und Familienfähigkeiten willen (dem, wenn ich so sagen darf, ›harten Kern‹ der Geschlechtsexistenz) eine Verleugnung ihrer Reize forderten. Man denke an die viktorianische Prüderie oder an den islamitischen Schleier. Wenn aber weibliche Verführungskunst sozial anerkannt oder gar gefordert ist - verträgt sie sich dann mit Emanzipation? Wäre es - für uns, heute - nicht konsequent, die Rolle der Augenweide für das herrschende männliche Geschlecht ganz abzulehnen?

Oder birgt die Aufforderung, schön zu sein, nicht selbst emanzipatives Potential? Wollten wir denn wieder viktorianische Damen sein? Oder gar verschleiert gehen? Bedeutet nicht jede Verschiebung in der Geschlechtsrolle hin zur Kunst der Verführung, zu Erotik, Flirt und Narzißmus eine relative Befreiung gegenüber den Festlegungen auf die drei großen K? Läßt nicht die Rolle der begehrten Geliebten mehr Ich-Elemente zu als die der Hausmutter? Das kommt darauf an. Die Frage ist: Lassen die herrschenden Regeln der ›ars amandi‹ eine Subjektivität der Frauen zu? Wie ist es beschaffen, das jeweilige Bild, dem die Frauen gleichen sollen? Bekanntlich sind Schönheit und Attraktivität relative Begriffe. Wie immer aber das Bild der schönen Frau gerade aussieht, es zeigt uns in der patriarchalischen Gesellschaft wie in einem Spiegel die Träume und Wünsche der Männer.Der Weiblichkeitswahn der fünfziger Jahre wollte die Frau supersexy, passiv und auf eine kindliche Art sinnlich. Ich erinnere an die amerikanischen und italienischen Filmstars jener Epoche: Man nannte sie Sexgöttinen und Busenköniginnen und erzählte sich, daß sie einander jeden Zentimeter Oberweite neideten. Es ist nicht schwer, in diesem Ideal das Reduktive und Gegenemanzipatorische auszumachen. Der ganze Weiblichkeitswahn war ja ein Stück patriarchaler Restauration - gegen die große Emanzipationswelle in den ersten Jahrzehnten unseres Jahrhunderts und gegen die Selbständigkeit, die die Frauen sozusagen zwangsweise während des Krieges erworben hatten. *Marilyn Monroe* war die Antwort des Patriarchats auf Bette Davis, Barbara Stanwyck und Marlene Dietrich. Die Männer wollten jetzt, wo sie wieder zu Hause waren, daß die Frauen ihre Arbeitsplätze und öffentlichen Funktionen für sie räumen, daß sie wieder »ganz Frau« sein sollten, sie wollten sich im Schoß einer gewährenden Geliebten von Krieg und Emanzipation erholen. Und so blähten sie in ihren Wunschbildern die Merkmale der gewährenden Weiblichkeit (die großen Brüste, die ›Kurven‹) und einer passiv-infantilen Sinnlichkeit (geöffnete Lippen, zirpende Stimme) zu sogenannten ›überoptimalen Attrappen‹ auf. Während die Frauen »alles zeigen sollten, was sie hatten«, war das, was sie haben durften, nichts anderes als Geschlecht. Die emanzipatorischen Möglichkeiten, die in der Betonung der Liebhaberinnenrolle hätten liegen können, wurden durch die reduktive Ausgestaltung dieser Rolle quasi aufgefressen. Die attraktive Frau im Banne des Weiblichkeitswahns war wirklich im schlechten Sinne bloßes ›Sexualobjekt‹. Die Ästhetik der geschlechtlichen Anziehung, soweit auf die Erscheinung der Frau bezogen, war eine reine Ästhetik der Unterwerfung.

Dieses Schönheitsideal forderte nicht nur von Mädchen ohne barocke Formen, es forderte von *jeder* Frau ein Stück Selbstaufgabe: Erstens wegen seiner Starrheit (der Typus von Attraktivität war eng umschrieben und ließ wenig Abweichungen zu) und zweitens weil das Ausdrucksverhalten des Ideals just in einer Ästhetisierung von Selbstaufgabe *bestand.* Marilyn Monroe als eine Verkörperung des Schönheitsideals der fünfziger Jahre war eine Verkörperung von *Selbstaufgabe,* und sie war dies um so erfolgreicher, als ihr die Selbstaufgabe dem Augenschein zum Trotz schwerfiel. Erst eine Selbstaufgabe zu hohen Kosten entfaltet im Rahmen einer Ästhetik der Unterwerfung hohen Reiz. Es ist kein Geheimnis, daß Marilyn Monroe schließlich an den Anforderungen ihrer sozialen Rolle gestorben ist.

Es gibt noch ein prominentes Opfer des Weiblichkeitswahns jener Zeit, eine Vertreterin des anderen Extrems innerhalb einer Typologie weiblicher Begabungen: *Sylvia Plath,* eine amerikanisch-englische Schriftstellerin, die bei uns erst jetzt allmählich bekannt wird.Sylvia Plath gelang es nicht, sich von den Anforderungen des

Weiblichkeitswahns loszureißen, sie *mußte* einen autoritären Mann heiraten, Kinder haben, mußte attraktiv, gewandt und als Mutter und Hausfrau auf der Höhe sein *und zugleich* die Lügen dieses Idylls als Dichterin und Romanschriftstellerin bloßstellen. Ganz wie Marilyn Monroe schaffte sie es nicht, die Lüge *und* ihre Entlarvung zur gleichen Zeit zu leben und brachte sich schließlich um.

Ich behaupte natürlich nicht, daß die beiden Frauen direkt am Schönheitsdiktat des Weiblichkeitswahns gestorben seien. Aber ich glaube, daß dieses Diktat für ihr Leben und schließlich für ihren Tod eine große Rolle gespielt hat. Schönheit ist *nicht nur relativ* - in dem Sinn, daß sie eine Geschmacksfrage ist, die jedes Individuum verschieden beantwortet. Sie unterliegt in ihrer konkreten Gestalt gesellschaftlichen Einflüssen von großer prägender Kraft, denen sich die einzelnen, allemal die Frauen, für deren Alltagsleben ja die Frage der Attraktivität und, darüber hinaus, die Frage der geschlechtlichen imago überhaupt eine große Rolle spielt, oft nur schwer oder gar nicht entziehen können.

Unsere Frage: Inwiefern ist das Bestreben nach Schmücken und Schön-Machen ein gerechtfertigter, ein freiwilliger, ein ›guter‹ Impuls, und inwieweit eine erzwungene Reaktion auf ein soziales Diktat, läßt sich jetzt ein Stück weit beantworten: Wenn Frauen sich schön machen, akzeptieren sie sich selbst als Geschlechtswesen, ja mehr: sie betonen das Geschlechtswesen an ihrem Selbst. Darin steckt immer ein Stück Übereinstimmung mit der herrschenden sozialen Bereichszuweisung. ›Geschmückte‹ Frauen entsprechen einer sozialen Erwartung; aber nicht notwendig auch der *Beschränkung* auf das Geschlechtliche: Eine schöne Frau oder eine Frau, die sich gern schön macht, kann ja durchaus erfolgreich berufstätig sein und sich auch sonst gegen die Reduktion auf ihre biologische Bestimmung zur Wehr setzen. Das Verändern, Verschönern der äußeren Erscheinung ist aber meistens die Anpassung an ein herrschendes Ideal, und vom Charakter dieses Ideals hängt es vor allem ab, ob die Anpassung durchs Schön-Machen eine spielerische Erweiterung oder eine repressive Einschränkung der jeweiligen weiblichen Individualität bedeutet.

Die sechziger Jahre, das Jahrzehnt des internationalen Jugendprotests, entthronte die Sexgöttinnen und erhob Frauengestalten von zwar durchweg jugendlicher, aber doch selbstbewußter und manchmal androgyner Attraktivität zum Leitbild: Faye Dunaway, Julie Christie oder Vanessa Redgrave wären zehn Jahre zuvor im internationalen Filmgeschäft chancenlos gewesen. Selbstverleugnung war jetzt für Frauen, die sich schön machten, nicht mehr so häufig das Resultat ihrer Mühen: Weil das Schönheitsideal diffuser wurde, also mancherlei individuelle Eigenarten durchaus gestattete, ja deren Ausstellung förderte, und weil Selbstverleugnung nicht mehr ein impliziter Wert des Ideals war. Statt dessen: Autonomie, eigener Kopf. Wenn es auch meist wieder nur Sex war, der in Frage kam als Feld von Wünschen und Vorstellungen, so sollten Frauen doch eine Subjektivität und eigene Bedürfnisse mitbringen.

Es blieb gleichwohl in den sechziger Jahren ein Erbe des Weiblichkeitswahns übrig, ein verhängnisvolles Erbe, das, soweit ich weiß, als solches unerkannt überlebt hatte und erst durch die neue Frauenbewegung der siebziger Jahre in Frage gestellt wurde: Die Aufforderung an *alle* Frauen, schön zu sein. Es reicht, glaube ich, für ein unbeschwertes, für ein, wenn ich es ein bißchen dramatisch ausdrücken darf: ›herrschaftsfreies‹ Schönmachen nicht aus, daß das Schönheitsideal großzügig ist und keine Selbstaufgabe fordert. Die gesellschaftliche Nötigung zum Schönmachen selbst darf nicht allgemein, *nicht obligatorisch* sein, d. h. sie darf nicht ohne Ansehen der Person an jede Frau gerichtet werden. Der Spaß am Schmücken setzt voraus, daß die Geschlechtsexistenz, innerhalb derer Narzißmus und Verführung Teilrollen darstellen, als ›Lebensperspektive‹ *wählbar* ist und nicht vom Zwang der einzigen Möglichkeit belastet. Es gibt heute immer mehr Frauen, die trotz aller sozialen Nötigung die Festlegung auf die Geschlechtsexistenz ablehnen und einen eigenen Weg suchen. Oft haben sie es schwer, ihren Weg nicht doch wieder als Umweg zur ›eigentlich‹ gesuchten Geschlechtsexistenz gedeutet zu sehen. Daß man von den meisten arbeitenden Frauen immer wieder das berühmte ›angenehme Äußere‹ erwartet, ist ein Indiz dafür. - Wie ist das, liebe berufstätige Leserin, wenn Sie morgens mal verschlafen: Verzichten Sie aufs Frisieren oder aufs Frühstück? Und wenn aufs Frühstück - finden Sie nicht, daß darin doch ein Stück Selbstverleugnung steckt?

Die feministische Polemik begründet das Fortbestehen des Attraktivitätsdiktats als eines *allgemeinen* (nur in dieser Form ist es ein ›Diktat‹) mit dem Fortbestand der patriarchalischen Kultur; das ist mir als Erklärung zu eng. Das Patriarchat hat wie gesagt im Lauf seiner Geschichte die ›Erlaubnis‹ zum Ausstellen weiblicher Reize nicht nur zum Diktat forciert, sondern auch bis zum Verbot verengt; wir müssen also noch in andere Richtungen denken.

Ich meine, daß die Aufforderung an die Frauen, sich zu ›pflegen‹ und die Fiktion, das Privileg des guten Aussehens ließe sich popularisieren, eine Frucht der großen *Demokratisierungswellen* unseres Jahrhunderts ist, vor allem der über die Massenmedien und den

Massenkonsum vermittelten kulturellen und konsumeristischen Ausläufer dieser Wellen. Die materiale und nicht bloß politische Demokratie verlangte es, daß die Elemente des Luxus auf einem Niveau der Massenkonsumgüter allgemein erreichbar wurden. Ganz wie das Auto, das Eigenheim und der Schaumwein - wenn auch nicht für alle, so doch für die Mehrheit - erschwinglich sein sollten, so versprach auch die körperliche Schönheit ihren Tribut an die Demokratie zu entrichten und von den Salons und Schaubühnen in die Wohnstuben der großen Stadtbevölkerungen hinabzusteigen. Schließlich waren Seidenstrümpfe, hochhackige Schuhe und Lippenstifte, klassische Requisiten weiblicher Verführungskunst, als Produkte von Massenfertigungen in den Städten billig zu haben. Und das Kino gestattete es auch der ärmsten Arbeiterin, sich über die Attribute des herrschenden Schönheitsideals im einzelnen zu informieren.

Und die Frauen laufen und kaufen den Flitter. Und die Männer? Wir wissen, daß bei Repräsentativumfragen nach der Qualität der idealen Partnerin das gute Aussehen weit oben rangiert. Alle Welt scheint besessen zu sein von weiblichen Reizen, die Frauen als Anbieter, die Männer als Nachfrager. Und das Tragische an dieser Situation ist, daß das Gut, um das es da geht, das jede Frau austeilen können möchte und das jeder Mann genießen will, in Wahrheit äußerst *knapp* ist. Schönheit ist selten wie ein schwarzer Schwan. Und selbst Attraktivität von bescheidenerem Rang, das hübsche Gesicht oder die ›gute Figur‹, von der wir in der Straßenbahn oder im Café unseren Blick nicht gleich wenden können, zeichnen keineswegs die Mehrheit aller Frauen aus. Man könnte wohl sagen, daß der Sinn der Schönheit, auch der gefälligen Erscheinung, ihr Ausnahmecharakter ist. Wäre sie gängige Münze wie der schlichte Besitz von Hand und Fuß, so würde sie gar nicht mehr bemerkt und all die Sehnsüchte, Fiktionen und Lügen, die sich an ihre wirkliche oder vermeintliche Erreichbarkeit knüpfen, wären überflüssig.

Die Schönheit widersetzt sich der Demokratisierung. Das ist eine peinliche Tatsache für eine Kultur und Politik, zu deren Legitimation es zählt, alle erstrebenswerten Güter dieser Welt allen zugänglich zu machen. Eine große Zahl epochaler Versprechungen der Demokratie - in bezug auf Teilhabe des Volkes nicht nur an der politischen Entscheidung, sondern auch an den begehrten Gütern - *wurde ja erfüllt*, und zwar auch solche, die objektiv unerfüllbar waren. Das heißt, gewisse Versprechungen wurden erfüllt auf Kosten ihrer Substanz.

Ich sage hier nichts gegen die politische Demokratie. Aber die kulturellen und konsumeristischen Zweige der Demokratisierungsprozesse dieses Jahrhunderts haben uns bei allen Vorteilen, die sie auch brachten, an einen Abgrund von Problemen geführt. Über das Auto brauche ich kein Wort mehr zu verlieren. Auch der Hang zum eigenen Heim hat zweischneidige Resultate erbracht: Er macht die Menschen immobil und verengt ihren Horizont. Und die Schönheit? Das Versprechen der Reklame: ›Jede Frau kann schön sein‹ ist nur dann keine plumpe Lüge, wenn man vergißt, daß auch die Schönheit bzw. die Macht, die sie verleiht, nur auf Kosten ihrer Substanz verallgemeinbar ist.

Wenn nun gutes Aussehen wirklich selten ist, aber doch so getan wird, als sei es quasi im Kaufhaus erhältlich - als Attribut für die Frauen, als Konsumgut für die Männer - was wird dann aus den Getäuschten? Es kann nicht ausbleiben, daß sich eine schleichende Frustration breit macht, gepaart mit hektischen, stets erneuerten, stets vergeblichen Versuchen, das begehrte Gut doch noch zu ergattern. Das ästhetische Empfinden wird schließlich bestechlich und zu stark fixiert auf Faktoren, die sich tatsächlich ändern bzw. ›korrigieren‹ lassen.Daß in sinnliche Anziehung zwischen den Geschlechtern noch ganz andere Elemente eingehen können als die durch Kleidung und Schminke beeinflußbaren Wirkungen der äußeren Gestalt, gerät in Vergessenheit. Die Ästhetik der geschlechtlichen Anziehung verkommt zu einer Ästhetik der Fassade. Die Bereitschaft der Frauen zur Präsentation und die der Männer zum Schauen und Urteilen kreist immer stärker um die künstliche ›Aufmachung‹, um die Illusion der Schönheit. Eine perfekte Fassade erlaubt schließlich nicht einmal mehr eine Berührung, dafür ist sie zu empfindlich. Die Sinnlichkeit wird auf den schauenden Fernsinn eingeschränkt. Damit den Männern dann überhaupt noch ein Spaß bleibt, fangen sie an, ihrerseits eine Fassade herzurichten und auszustellen. Das Resultat ist eine Art Tanz der Narzisse, in dem es keine Anziehung und keine Berührung mehr gibt und in dem jedes Individuum nur noch mit seiner eigenen Fassade kommuniziert. Die sogenannte Disco-Szene zeigt uns diesen Trend in Reinkultur.

Ich sprach eingangs davon, daß sich die neue Frauenbewegung dem Attraktivitätsdiktat in Theorie und Aktion widersetzt hat - das begann vor etwa zehn Jahren und zieht immer noch seine Kreise, bis hin zur neuen Bewegung der Dicken in den USA. Auch die öffentliche Meinung ist inzwischen aufgeschlossener für den Widerstand von Frauen gegen einengende Mode- und Jugendlichkeitszwänge. So begrüßenswert nun diese Ansätze zu einer Befreiung vom Konformismus der Fassadenästhetik sind - ich vermisse etwas an ihnen. Wenn wir darauf verzichten, uns mit der Illusion der Schönheit darüber zu betrügen, daß Schönheit selten ist, dann müßte uns doch der

Abschied von der Illusion ein Gran Schmerz kosten. Was ich vermisse, ist ein *Bedauern* über das Schwinden oder Fernsein von Schönheit unter den Frauen, die sich vom Attraktivitätsdiktat befreien. Wenn auch Schönheit nicht machbar und nicht für jeden habbar ist, so ist dennoch das Verlangen nach ihr, glaube ich, tief eingewurzelt in den meisten von uns. Sie gehört zu den ganz großen Objekten des Begehrens wie Reichtum oder Macht. Immer wieder wollen wir sie mindestens sehen. Und daß wir sie nicht selbst besitzen oder ständig um uns haben können, das müßte uns von Zeit zu Zeit einen Akt der Trauerarbeit wert sein. Anstatt uns mit der Lüge zu trösten, wir könnten sie jederzeit haben oder es käme auf sie gar nicht an, müßten wir trauernd oder bedauernd mit der Tatsache fertig werden, daß das nicht so ist.

Mir fällt auf, daß die Protestbekundungen vieler Frauen gegen den Zwang zum guten Aussehen so *heiter* klingen. »Wir Alten«, sagen die alten Frauen, »wir zeigen unsere grauen Haare und unsere Runzeln, wir finden uns schön, so wie wir sind.« »Wir Dicken«, sagen die Dicken, »wir peifen auf diesen ganzen Rummel mit Diät und Massage, wir stehen zu unserer Fülle, wer sagt denn, daß die nicht auch ihr Schönes hat?« »Wir Frauen mit den krummen Beinen«, sagen die emanzipierten Frauen mit den ganz normalen Schönheitsfehlern, »wir Frauen mit den zu großen oder zu kleinen Brüsten, dem dicken Hintern und der zu langen Nase, wir nehmen uns an, so wie wir sind und finden uns prima, so wie wir sind.« Und dann sehen wir in einer Zeitschrift, in der auf diese Art zu uns gesprochen wird, das Portrait einer alten oder dicken oder großnasigen Frau, die über das ganze Gesicht strahlt. Sie akzeptiert sich selbst und das macht sie glücklich, man kann es aus jeder Pore leuchten sehen. ›So ist es richtig‹, denken wir und freuen uns mit ihr. In der Tat sehen ja die Frauen, die sich vom Attraktivitätsdiktat frei gemacht haben, wirklich besser aus als manche krampfhaft stöckelne Dame, die vor lauter Angst um ihr Aussehen schon wieder etwas Bedauernswertes an sich hat.

Das neue Selbstbewußtsein der Nichtattraktiven und Alten imponiert mir. Aber um glauben zu können, daß die Emanzipation dauerhaft und mehr ist als eine vorübergehende Euphorie, müßte die Trauer dazukommen. Wir wollen weg vom Äußerlichen und müssen uns doch eingestehen, daß Äußerlichkeit von hohen Graden, daß körperliche Schönheit und Attraktivität von großer Bedeutung sind für das sinnlich verfressene Augentier Mensch, daß dieser Mensch sich also mit dem Fehlen bzw. der Vergänglichkeit von Jugend und Schönheit *abfinden können muß*, wenn er von der Illusionsästhetik loskommen will. Was die feministische Kritik am Attraktivitätsdiktat und die Bewegung der Alten und Dicken nicht erkennen läßt, ist, daß sie nach Möglichkeiten des Sichabfindens überhaupt *sucht*. Sie scheint stattdessen die Notwendigkeit dazu zu bestreiten, indem sie Dick- oder Altsein einfach zu Spielarten von Attraktivität umformuliert oder aber die Sehnsucht nach der Schönheit ganz verdrängt. Eine solche Emanzipation kann nicht von Dauer sein. Denn das Verdrängte kehrt, soviel wissen wir inzwischen, irgendwann zurück.

Mit der Sehnsucht nach der Schönheit wird vielleicht noch mehr aus der Selbstwahrnehmung ausgeschlossen: Die Angst vor dem Ende des Lebens. Lebendigkeit und Schönheit sind ebenso verwandt wie Schönheit und Jugend. Nur in seltenen Fällen gehen Alter und Schönheit zusammen, mit Vorliebe verbindet sich die opportunistische Venus mit einer jungen Haut.

Kürzlich sah ich im Fernsehen eine Sendung über den einst aus Österreich in die USA emigrierten Filmregisseur *Douglas Sirk*. Der Regisseur erzählte von den Stars, mit denen er gearbeitet hat, und die Schauspieler berichteten ihrerseits in Interviews über ihre Arbeit mit Sirk. Zwischendurch wurden Szenen aus Sirk-Filmen eingeblendet, die vor 30 und mehr Jahren entstanden sind. Man sah also Rock Hudson und Dorothy Malone heute, im Alter von ca. 60 Jahren, als Interviewpartner des TV-Filmautors, und man sah sie in jenen alten Filmen als junge Stars. Der Kontrast wurde ständig wiederholt und ich hatte viel Zeit, mich in die Großaufnahmen aus den alten Filmen zu vertiefen und die Portraits der interviewten, inzwischen gealterten Stars zu studieren. Ich versuchte spontan, die humane Ästhetik der Emanzipation zu adaptieren und mir zu sagen, daß die faltigen, schmunzelnden, eine Lebensgeschichte erzählenden Gesichter der Ex-Stars »schön« seien - schöner vielleicht gar als die glatten Züge aus der Zeit ihrer Jugend?

Aber ich habe mir nicht geglaubt. Was ich *fühlte*, wenn ein Filmausschnitt zu Ende war und die alten, heutigen Gesichter wieder auf den Bildschirm rückten, war Entsetzen. Ich fand die Filmschnitte grausam. Was sie übersprangen und damit, in der Unmittelbarkeit des Kontrasts, deutlich zeigten, war die *Zerstörung*, die die Zeit auf den einst bewegend klaren Zügen dieser Stars angerichtet hatte. Die Zeit hatte einen Erzengel und eine Nymphe gefällt, sie hatte einen Zauber gebrochen, wie sollte ich anders ihrer Macht inne werden als mit Erschrecken? Der Fernsehfilm zeigte zwischen den Bildern die Geschichte eines Todes: von Schönheit, die mit Jugend zusammengegangen war. Statt auf die Ausdrucksfülle auch der alten Gesichter zu verweisen, wie es die Ästhetik der Emanzipation von mir verlangt hätte, fand ich es angemessener, um den Tod der jungen zu trauern. Ich dramatisiere bewußt ein wenig, weil ich klar machen möchte, daß das Verlangen nach der Schönheit und das Bedauern um ihren Verlust oder ihre Schwer-Erreichbarkeit starke Emotionen sind.

In jüngster Zeit hat *Maryse Holder*, eine Amerikanerin, die sich von den Reizen der mexikanischen Strände und Jugendlichen in einen ›venezianischen Tod‹ treiben ließ, die Gewalt dieser Emotion dokumentiert. Maryse Holder war eine Intellektuelle, aber sie konnte sich mit den sublimierten Formen ihrer Sehnsüchte nicht begnügen. Sie wollte Schönheit kosten oder nicht mehr leben. Als sie ihre eigene schwinden fühlte und deshalb die des anderen Geschlechts immer seltener fassen und nah haben durfte, radikalisierte sie ihren Trip. Sie stieg in Milieus, in denen allemal Frauen ihr Leben riskieren - nur um noch einen Fetzen ›braune Haut‹ und die Illusion des Begehrtseins zu raffen. Ihr Mörder blieb unbekannt. Aber nicht das Motiv für ihre Reise: sie hat es in Briefen mitgeteilt.[1]

Gibt es eine Möglichkeit, die Diktatur, die das Verlangen nach der Schönheit gerade über Frauen verhängt, zu brechen, ohne doch die ›Macht der Schönheit‹ zu leugnen? Können wir ihre Seltenheit, ihr Schwinden ohne Angst und ohne Wahn ertragen? Können wir das Attraktivitätsdiktat zum Teufel schicken, ohne unser Bedauern über die Vergänglichkeit der ›jungen Haut‹ zu verdrängen? Ein Bedauern, das den Platz der Illusion von der allgemeinen Erreichbarkeit der Schönheit einzunehmen hätte? - In alten Zeiten hatten die Leute ihre Religion, die ihnen darüber hinweghalf, daß nicht alle ihre irdischen Wünsche in Erfüllung gingen. Wir haben nur unsere Demokratie. Sie ist wirklich das einzige, an das wir uns halten können. Vielleicht klingt das verwirrend, weil ich ja gerade die Ästhetik der Fassade aus der Demokratisierung des Konsums erklärt habe. Aber da gibt es ja noch die politische Demokratie. Ich glaube, wir müssen an die ursprünglichen politischen Versprechen der Demokratie erinnern, die längst noch nicht alle eingelöst worden sind und uns weitere ›Übererfüllung‹ der kulturellen = konsumeristischen Versprechen, die ja längst in ihrer Substanz pervertiert wurden, verbitten. Wie ist das gemeint?

Die Fassadenästhetik und das Attraktivitätsdiktat sind Produkte der Konsum-Demokratie, so viel ist klar.

Die Konsumdemokratie hat nun bei aller realen Befriedigung, die sie gewiß auch spendet, immer zugleich den Charakter eines Surrogats, eines Trostpflasters: Sie soll den Leuten helfen, damit fertig zu werden, daß die politische Demokratie unvollständig geblieben ist.

Daß die versprochene Partizipation der Bevölkerung an der politischen Entscheidung noch aussteht. Für die Frauen gilt das in besonderem Maße. Sie sind am weitesten von politischen Einflußmöglichkeiten entfernt *und* offenbar am stärksten durch Konsum abzulenken. Dabei hätten sie ein besonders gutes Recht, auf offene Versprechen zu verweisen. Der Einsatz der Frauenbewegung für eine reale Gleichstellung der Geschlechter setzt die Arbeit der demokratischen Parteien da fort, wo diese nach der Erringung des Frauenwahlrechts vor mehr als einem halben Jahrhundert die Hände in den Schoß gelegt haben. Je mehr sich die Frauen, aber auch die Männer an der Verwaltung ihrer eigenen Lebensumstände und an politischen Entscheidungen aktiv beteiligen, je vielfältiger sie sich in gesellschaftlicher Kommunikation befinden, desto unwichtiger wird der private Konsum, also jener Bereich, der von der krebsartig wuchernden Konsum-Demokratie bedient wird und von dem die Erzeugung und der Verbrauch von Attraktivitäts-Illusionen ein Teil ist. Es klingt ein bißchen großartig, aber es stimmt: Nur die Vervollkommnung der *politischen Demokratie* kann uns aus der Sackgasse herausführen, in die uns die Akzeleration der Konsum-Demokratie getrieben hat. Nur sie könnte dem Leben jenen ›Sinn‹ wiedergeben, nach dem heute nicht nur die Philosophen mit der Laterne suchen und an dessen Mangel es in erster Linie liegt, daß wir es nicht wagen, unseren Tod kommen zu sehen. Daß wir es nicht wagen, seinen Verboten zu empfangen, den *Verfall* unserer Körper und der Linien unserer Physiognomie, ohne ein Ritual von Verleugnung und Ästhetisierung in Gang zu setzen. Nicht zufällig waren es die fünfziger Jahre, die Hoch-Zeiten des konsumeristischen Weiblichkeitswahns, in denen man in den USA den perversen Kult des Schminkens und Schick-Machens *der Toten* erfand.

Sicher, der Zeithorizont von Geschichtsprozessen (wie der politischen Demokratisierung) scheint der Dimension eines Problems wie der Ästhetik geschlechtlicher Anziehung unangemessen. Überlegen wir also, ob es Veränderungsmöglichkeiten gibt, die der Reichweite unserer persönlichen Handlungsalternativen näher liegen. Wie wäre es mit einer ›Demokratisierung‹ der Geschlechtsexistenz? Was geschehen müßte, ist, daß die *Männer,* etwa auf Aufforderung der Frauen, beginnen, mit *ihrer eigenen* Geschlechtsexistenz ernst zu machen. Damit meine ich ihre Rolle als Sexualobjekt der Frauen ebenso wie ihre Rolle als Vater, also den Umgang vor allem mit kleinen Kindern. Die meisten Männer sind nicht eben besonders bewandert in der Kunst der Erotik und die wenigsten wagen es, sich auf ihren Nachwuchs einzulassen. Die Geschlechtsexistenz selbst

›gilt‹ gesellschaftlich wenig, sie scheint Frauensache zu sein. In Wahrheit ist eine Geschlechtsrolle (d. h. hier: ein Agieren innerhalb der Geschlechtsexistenz) der Anlage nach *reziprok;* daß die Frauen die ihre streckenweise mit der Luft als Partner spielen, ist ein Tort für sich. Für die Ästhetik der geschlechtlichen Anziehung bedeutete die Reziprozität der ›Geschlechtsexistenzrollen‹, also ein ›Mitspielen‹ der Männer, mit Sicherheit eine Befreiung von Elementen der Herrschaft und Unterwerfung. Beide Geschlechter wären die Schauenden und beide die Präsentierenden. Das Schönheitsideal wäre doppelgeschlechtlich. Attraktivität wäre nicht mehr gleichbedeutend mit Weiblichkeit und Weiblichkeit nicht mehr gleichbedeutend mit Bemühen um Attraktivität. Stattdessen könnten die Männer auch außerhalb der Homosexualität das Sich-Zeigen erleben und die Frauen das Setzen von Schönheitsnormen und das Betrachten. Zwischen Subjekt und Objekt, zwischen Betrachter und Gegenstand, zwischen Genießenden und Spendenden fielen die Schranken des Geschlechts.

Ich weiß, diese Utopie hört sich nicht so an, als wolle sich die Wirklichkeit ihr schon bald anbequemen. Aber sie scheint mir doch realistischer als der von der Frauenbewegung im Grunde als einzige Lösung angebotene Boykott von Schönheitsnormen überhaupt. Ein solcher Boykott ist nicht durchzuhalten, weil unser aller Bedürfnis nach Erquickung durch den Anblick einer schönen Gestalt zu tief sitzt - ob wir nun Männer oder Frauen sind. Die Frauen kommen vielleicht in ihrer Emanzipation *weiter* voran, wenn sie ihren Traum von der schönen Gestalt auch als Betrachterinnen des anderen Geschlechts zu verwirklichen suchten, anstatt ihn immer nur auf den eigenen Körper als Aufforderung zur Verschönerung rückzubeziehen. Und die Männer gewönnen vieles, wenn sie von Narziß lernten. Bevor sie aber in den See stürzen, sollten sie hingehen und sich den Frauen zeigen. Die Angst vor dem Urteil, die sie wahrscheinlich zurückhält, könnte unbegründet sein. Wir wissen nicht, wie es lauten wird, denn es wäre geschichtlich neu. Meine Vermutung ist, daß auch Helena, hätte sie zu wählen zwischen drei geschmückten Göttern, denjenigen auszeichnen würde, der ihr den schönsten der griechischen Jünglinge, der ihr Paris verspräche.

Anmerkung

1 Maryse Holder, *Ich atme mit dem Herzen,* Reinbek 1980.

Über die verlorene Erotik der Brüste

Das Wochenmagazin ›Der Spiegel‹ brachte vor einiger Zeit eine Übersicht über die neue feministische Presse. Es stellte die meist diskutierten Themen vor und notierte, die ›Courage‹ zitierend, man fände dort *»Erbauliches über das Stillen«*.

Ich kenne das betreffende ›Courage‹-Heft, es stammt vom Februar 1978. Es enthält mehrere Artikel über das Stillen - sie sind alle interessant, kein einziger ist erbaulich. Was hat, dachte ich, als ich den ›Spiegel‹-Artikel las, den Autor bewogen, von ›Erbaulichem‹ zu sprechen, obwohl die Inhalte der Texte, deren Thema er referierte, eher bedrückend wirkten?

Es muß sich um eine Assoziation gehandelt haben. Wahrscheinlich hat jener ›Spiegel‹-Redakteur die Artikel übers Stillen selbst nicht gelesen, hat gar nicht alles lesen können, er hat nur die Überschriften, die Schwerpunktthemen zur Kenntnis genommen, hier und da etwas überflogen und dann, als er sich entschloß, das Thema ›Stillen‹ in sein Referat aufzunehmen, es so charakterisiert, wie er meinte, es nur charakterisieren zu können: Was soll man schon anderes übers Stillen mitteilen können als - Erbauliches?

Die stillende Mutter, das ist eine Gartenlauben-Illustration. Ein bezopftes Weib mit vielen Unterröcken, einer großen Rüsche am herabgezogenen Ausschnitt und einem Doppelkinn. Ihr rosiges Kind schläft an der Brust, zu ihren Füßen gähnt ein Kätzchen. Apfelblütenzweige winken durchs Fenster. Erbaulich.

Unser Jahrhundert wird - was das gesellschaftliche Bewußtsein von der *Sexualität* der Individuen, von ihren Trieben und von ihren Körpern als den Trägern und Äußerern der Triebe betrifft - vielleicht einmal das freudianische genannt werden. Sexualität wurde und wird in einer vorher unbekannten Weise *›ernst genommen‹*, sie wird an der Quelle aller möglichen individuellen Konflikte, Ängste und Leiden gesehen. Sie wurde der Aufklärung unterworfen, dabei medizinisiert und ›begriffen‹ - aber auch in ihr Recht gesetzt. Wir wissen heute - dank der Frauenbewegung - daß das für die Frauen als Triebwesen nur in Grenzen zutrifft. Hier müssen wir Aufklärung ›nachliefern‹ (eine Aufklärung vielleicht, die nicht zugleich die Domestikation erleichtert). Das *Stillen* wäre ein Partialausdruck weiblicher Sexualität, von dem heute weder ein Bewußtsein, ein Verständnis, eine Kultur, noch auch nur eine Ahnung seines Ranges als sexueller Potenz existiert. Es scheint müßig zu betonen, daß das Patriarchat an dieser Ausgrenzung schuld ist, weil ja seine Egozentrik diesen Partialausdruck menschlicher Sexualität ignorieren mußte. Verwunderlicher finde ich, daß auch die noch so fragmentarisch von Frauen selbst formulierte Geschichte der weiblichen Spezies ein nur selten und kurz unterbrochenes Schweigen über diese *besondere sexuelle Erfahrung* bewahrt. Wir bezeichnen häufig unsere relative Geschichtslosigkeit und Abhängigkeit in der Vergangenheit als *Enteignung*. Frauen wurden ihres sexuellen Selbstbewußtseins, ihrer Aktivität, ihrer Lust enteignet. Sie wurden arm gemacht. Trotz aller Armut, in der Frauen als sexuelle Wesen im vorigen Jahrhundert und auch tief in das unsere hinein zu leben gezwungen waren - sie konnten sich als Liebhaberinnen, als Frauen, die mit Männern (oder auch mit Frauen) schliefen, doch einiger Reste, Bruchstücke von Subjektivität erfreuen. Zumindest gewissen Klassen von Frauen wie der *weiblichen Bohème* in den sich entwickelnden Großstädten, billigte man sexuelle Potenz, also Eigenleben als Lustsucherinnen, zu. Dieses Eigenleben bezog sich aber immer nur auf den Liebesakt, den *Koitus* und den Weg dorthin. Alles, was (eventuell) danach kam, war ›Fortpflanzung‹ und nicht Sexualität, war Last, Schmerz, Pflicht, bestenfalls gern getane. Die erfindungsreichsten oder besonders vom Schicksal begünstigten Liebhaberinnen, die sich nicht in die bürgerliche Rolle einfügen lassen wollten, entzogen sich denn auch dem ›danach‹ möglichst ganz. Das bürgerliche 19. Jahrhundert gestattete ja, sofern es bigott war - und das war es für die große Masse - sexuelle Lust nur, wenn sie auf ›Folgen‹ zielte, und es trennte dadurch Lust, Sexualität von der Fortpflanzung ab. Es spielte eins gegen das andere aus. Allein der männliche Part war der *sexuelle* im engeren Sinn, und sexuell agierten Frauen *nur*, sofern sie den Mann bei *seiner* sexuellen Handlung begleiteten. Diese Enteignung der Frauen um ihre (eigene) Sexualität spiegelt eindrucksvoll die Komposition des Begriffs der ›*libido*‹ bei Freud. Daß dieser Begriff (bzw. die Sache, die er meint) etwas *ausschließlich Männliches* ist, hat Renate Schlesier in ihrem Aufsatz: ›Die totgesagte Vagina‹[1] sehr triftig begründet. Die Frauen wurden im Grunde nur als Gäste in den

Raum der Sexualität eingelassen, um sodann ihrer ›eigentlichen‹ Bestimmung als Fortpflanzerinnen entgegengeschickt zu werden. Und die Fortpflanzung geschah außerhalb des Lust-Raumes, sie war der Fluch Gottes über Eva. Die Frauen, die mit ihren Körpern ja den längsten Teil des Fortpflanzungsweges abzuschreiten haben, wurden so zu Wesen außerhalb der Sexualität, außerhalb der Wonnen orgiastischer Entladung, sie wurden zu asexuellen Müttern, zu Föten- und Leidtragenden. Auch das Stillen fiel natürlich in diese gezähmte, lustleere, verhäuslichte Welt der ›Mutterpflichten‹.

So kam es, daß die Frauen um das Kind-Tragen und Gebären und um das *Stillen als sexueller Potenz restlos enteignet* wurden.

›Restlos‹ bedeutet nicht, daß nicht einzelne sich dieser Potenz doch immer wieder vergewissern. Was mich hier interessiert, ist die gesellschaftliche, also kulturelle Vergewisserung. Die mußte ausbleiben, solange nicht Frauen mitsprechen konnten, wenn das Thema Sexualität theoretisch und praktisch gehandelt wurde. Für die ganz besondere, lusttauschende Berührung zwischen Körpern, wie sie neugeborene Kinder und deren Mütter erfahren (erfahren können), müßten überdies ja Frauen *für zwei* sprechen - denn die Kinder sind, was ›offizielle‹ oder sozial angenommene und verbreitbare Formulierungen betrifft, stumm. Und für zwei zu reden, war allemal den Frauen fast unmöglich - sie waren es gewohnt, die Männer *reden zu lassen* und mußten erst eine dicke Silberschicht von Projektionen abtragen, bevor sie dazu kamen, für sich selbst zu reden. Aber wer ist eine(r) selbst? Es ging und geht ja - in der Sexualität, in den Ausdrücken, die ihre Kultivierung gefunden hat - immer um *Verhältnisse* zwischen zweien. Neugeborene Kinder da mitzudenken verbot schon das Inzest-Tabu, von der Übermacht der durch die männliche Sexualrolle mitgelieferten Restriktionen ganz zu schweigen. Da im Verlauf der ›Fortpflanzung‹ Männer höchstens als Zuschauer anwesend sind, Kinder als Verhältnis-Stifter aber nicht in Frage kamen, schienen die Frauen *allein*, verhältnis-los, ausgeliefert ihrer ›Hoffnung‹ und ihren ›Umständen‹, in deren Verlauf gebannt. Von Sexualität - die ja immer ein *anderes* voraussetzt - konnte schon aus gleichsam logischen Erwägungen keine Rede sein.

Inzwischen hat die Frauenbewegung die Situation geändert - weniger dadurch, daß sie Worte gesucht hätte für Lusterfahrungen in der Fortpflanzung, als durch - Geburten. Es gab und gibt ein feministisches ›Ja zum Kind‹ oder: eine praktische Kritik an Simone de Beauvoir. Immer mehr Frauen, die es gelernt haben, sich aus dem Schatten der Männer herauszuarbeiten, sei es durch Verzicht auf männliche Begleitung durchs Leben, sei es durch ›Erziehung‹ ihrer

Freunde oder Gatten zur Mitübernahme jener unsäglichen ›häuslichen Pflichten‹, die so lange als weibliche galten, wollen wissen, wie es sich anfühlt, ein Kind zu kriegen. Getreu dem Temperament der neuen Frauenbewegung, das sich niemals an der Theorie entzündete, sondern stets im besten Sinne aktionistisch war, erhöhen sie ihre Erfahrung, verbreitern sie ihr Wissen durch das *Experiment*. Feministinnen-Kinder werden getragen, geboren, gestillt. Die ›anderen‹ einer neuen, noch zögernd zugelassenen und vorgetragenen sexuellen Erfahrung sind ungeborene und neugeborene Kinder. Auch Männer kommen hier vor - aber als Väter, im Rahmen einer menage à trois. *Das Paar*, um das es neuerdings geht, heißt Frau und Kind. (Auch, seltener, Mann und Kind.) Ein Paar, das Lust sucht. Ein Paar, das Liebe macht. Einer der ersten, die das aussprachen, war ein Mann - aber was tut's: er ist ganz von seinem Beruf, einem ehemals klassischen Frauenberuf, geprägt, er ist *Geburtshelfer*. Frédéric Leboyer, der berühmte französische Gynäkologe, spricht in seinem Buch: ›Der sanfte Weg ins Leben‹ ohne Umschweife davon, daß ein neugeborenes Kind einen *Liebespartner* suche. Aber nicht (nur) im spirituellen oder emotionalen Sinn, wie ja allgemein gefordert, sondern im physischen. Die Hände, die das Kind empfangen, müssen eine ›Eingeweide‹-Sprache sprechen, schreibt Leboyer. Sie müssen es so rhythmisch streicheln, heben, senken, drücken, loslassen, daß es sich der besänftigenden, der erregenden Massage des noch nicht geburtsbereiten Uterus erinnere.

»Aber, aber, werden die Leute sagen, das ist ja ein Liebesakt mit einem Kind.«

Freilich.

Was sonst ist es, das das Neugeborene verlangt, was sonst ist es, das die Erwachsenen ihm geben können?

Die Sensibilität, mit der Leboyer erriet, was ein wenige Minuten altes Kind mit seinem zum Saugen sich öffnenden Mund, seinem verschreckt suchenden Körper, seinem wild klopfenden Herzen verlangt: *einen Liebesakt*, hat mich, als ich seinerzeit das bekannte Buch las, sehr beeindruckt. Ich starrte immer wieder auf dieses eine Wort: Liebesakt. Ich muß hinzufügen, daß ich, als ich das Leboyer'sche Buch erstmals las, schwanger war und mit *der* Form von Erwartung, die unsere Kultur schwangeren Frauen anbietet oder vorschreibt, dem ›Nestbau‹ (Ausstattung, Pflegekurse, ›Freude‹) unzufrieden war. Leboyer gab mit dem ›Liebesakt‹ einem verborgenen, aber als verborgenen doch pochenden Wunsch einen Namen. Jetzt fand ich den Nestbau und all die stille Freude, die mir meine Mitwelt, aber auch die Konformität *in mir*, als Vorbereitung auf das

Kind gegönnt hatte, bestenfalls erbaulich. All das wurde zur Nebensache. Die Idee vom ›Liebesakt mit einem Kind‹ war es, was zu der Erwartung, die mein Körper längst ausdrückte, paßte. Ich wollte keine Erbauung, sondern etwas ›Ernsteres‹, etwas, das vom Bewußtsein, von der Rationalität, nicht so leicht zu greifen, zu unterwerfen war, etwas Riskanteres, etwas, das dem Rausch näher war als der bloßen Freude. Leboyers suggestive Sprache hatte mich davon überzeugt, daß das Kind, wenn es erst auf der Welt sei, für den ›Rausch‹ offen sein würde - und jetzt konnte ich mir eingestehen, daß ich dasselbe wollte. Meine ›Hoffnung‹ erhielt eine höhere Temperatur. Aus der ›Verantwortung‹ wurde die herzklopfende Erwartung eines Rendezvous'.

Damit setzte ich mich über Leboyer hinweg. Für ihn sind entbundene Frauen zu schmerzverzerrt, zu dumm und zu ungeschickt für den ›Liebesakt‹ - das ist sein Fehler. Ein großartiger Fehler, denn er ermöglichte ihm die radikale Parteinahme für das Kind mit all den daraus folgenden Einsichten. Ein verstehbarer Fehler, denn *er selbst* wollte Liebespartner sein. Ein Fehler, der *auch* richtig, richtungsweisend ist, denn er relativiert die Rolle der Mutter, die Rolle des Geschlechts in der Beziehung zwischen Kind und Erwachsenen und zeigt, daß auch Männer ›Mütter‹ sein können, respektive: daß auch *Väter* zum Liebesakt mit Kindern taugen. Dennoch bleibt es ein Fehler: die natürliche ›andere‹ für den Liebesakt mit einem Neugeborenen ist die Entbundene, die Mutter mit ihrem weichen, sich wellenden Bauch und den erigierten Brüsten. So süß die Massage durch den Geburtshelfer für den Säugling sein mag, die Hände der Frauen, wenn erst erlöst aus der Blockade durch chemische Anästhesien, könnten die nämliche Kunst ausüben (auch die der Väter natürlich); und die Liebesakte, die zu folgen hätten (denn das Kind ist ja mit einem Akt post partum nicht zufrieden), die zu folgen hätten Tage, Wochen, Monate lang, wären die *Still-Stunden* - Vermischung von Körpern und Körpersäften, ein sexuelles Tun, das (Weiter-)Leben zeugt und Lust schenkt, wie wir es alle aus dem Koitus kennen (oder zu kennen wünschen) und wie es fast niemand den um die ›Fortpflanzung‹ und um die ›Mutterpflichten‹ gruppierten Pflegehandlungen von Frauen an Kindern zutraut.

Der schwankende Boden, auf den ich mich jetzt begebe, wenn ich Sexualität im Nähren eines Kindes, also in der Mütterlichkeit, auffinde, ist der Boden unserer Geschichte. Es ist nicht meine Schuld, daß man den Sex erst aus der Körperhingabe an ein Kind austrieb, die Hingabe dann zur Pflicht ausdünnte und mit der Drohung, die jede Pflicht impliziert, die Frauen an das Haus band. Daß die Gewalt, die da stattgefunden hatte, von einem Idyll umkränzt wurde, auf daß die Weiber sich als dralle Mutti in der Gartenlaube porträtieren ließen und sich massenhaft in diesem Idyll wiedererkannten. Das Idyll - das unerträglich ›Erbauliche‹ - wurde nur möglich, weil zuvor die Lust - der ›Ernst‹, der ›Rausch‹ - abgeschafft worden waren. Heißt das nun, daß wir, um die Erbaulichkeit loszuwerden, die Sache selbst opfern müssen?

Während ich das Manuskript dieses Essays niederschreibe, fragen mich, wie meist, Freunde und Bekannte auch jetzt: ›Woran schreibst du gerade?‹ Ich zögere. ›Übers Stillen‹. ›Übers was?‹ ›Über das Stillen eines Kindes an der Brust. Ich will versuchen . . .‹ ›Jetzt ist sie endgültig ins Nähkästchen abgerutscht‹, denkt der Bekannte, der wie jener ›Spiegel‹-Redakteur reagiert. Er hat nichts übrig für Erbaulichkeiten. Aber nicht nur sein guter Geschmack verbietet ihm ein Interesse am Thema Stillen. Er ahnt politisch Verwerfliches. Wie kann man handeln von Mutter und Kind in Termini von Natur! Wie er fürchten auch viele Feministinnen dieses Thema. Hatten wir das nicht schon? Und lief es nicht stets auf Anbindung und Knechtung der Frauen hinaus? Die Mutterkreuze . . . Unter den Nazis war Stillen Pflicht . . . Immer wieder hat man die Frauen an die Wiege zurückgescheucht unter Verweis auf ihre *Natur* . . . die angeblich Kinderkriegen und An-die-Brust-Legen zwingend erforderte . . . Man tröstete sie über die Beschränkung ihrer Lebensperspektive, indem man die Kinderstube in ein Idyll umlog . . .

Ja, das stimmt alles. Aber es ist kein Grund *dagegen,* die Sexualität *in* der Fortpflanzung, den ›Ernst‹ im Erleben von Kinder-Gebären und -Nähren zum Thema zu machen. Sowohl die ›Erbaulichkeit‹ als auch die ›Pflicht‹, die einander bedingen, sowohl die Gartenlaube, als auch Erpressung der Frauen mit ihrer Natur, all dies gesammelte Falsche steht wie eine Mauer zwischen uns, d. h. den Frauen, die ›Wir wollen alles‹ sagen, und unserer und der Öffentlichkeit Bereitschaft, den ›Ernst‹ des Themas Sexualität im Umgang mit neugeborenen Kindern zur Erfahrung und zur Debatte zuzulassen. Es steht da wie eine Mauer, die *eingerissen* werden muß. Solange progressive Männer ›Erbauliches‹ befürchtend abwinken, wenn sie das Thema ›Stillen‹ hören und radikale Feministinnen Windel- und Küchengeruch wittern und ebenfalls abwinken, bleibt die Mauer *stehen* und mit ihr ein Stück falscher Wirklichkeit. Wir haben heute weder das Idyll noch die Pflicht mehr nötig. Aber beide bestreiten noch das Assoziations- und Bedingungsgefüge wirklichen, praktischen und gedanklichen Verhaltens.

Nein, wir hatten es eben *noch nicht.* Wir hatten die Inpflichtnahme der Frauen für Fortpflanzungsbelange *ohne* Lust, ohne deren körperlichen, schwierigen, aber kultivierbaren ›Ernst‹, wir hatten ›es‹ als Gottvaters Fluch über Eva, als bloßen Schmerz, als Entbehrung, als Betrug. In der Nazizeit mußten die Mütter nach der Uhr stillen, sie mußten es wegen der guten Nahrung, von Lust war keine Rede, dafür um so mehr von Erziehung zur Regelmäßigkeit und von Abhärtung. Ein Kind, das den ›Liebesakt‹ nicht in der vorgeschriebenen Zeit absolvierte, wurde maltr]ätiert, den Frauen wurde jede Ahnung von körperlicher Befriedigung durch Milchmengenmessungen und dergleichen abgetrieben. Geradeso wie die katholische Kirche den Sexus an die Empfängnis band, also nur den heterosexuellen Orgasmus des Mannes »erlaubte« (damit aber auch beschränkte, quasi kastrierte), verknotete man die Stillung des Säuglings mit der Ernährung, mit dem ›Gedeihen‹ und scheuchte die Wonnen des ›Liebesakts‹ *nachhaltig* aus der fragilen sexuellen Potenz der Mutter. Das ist - von neuesten Gegentendenzen in der Frauenbewegung abgesehen - bis heute so geblieben. ›Stillen‹ bedeutet - so die medizinisch inspirierten Aufklärungsbücher unserer Zeit - Erlösung des Kindes vom Hungergeschrei durch Anbieten dernahrungspendenden Brust. Es ist Hunger-Stillen. ›Stillen‹ bedeutet - sage ich - Befriedigung des kindlichen (und des mütterlichen) Bedürfnisses nach dem Wieder-Eins-Werden mit einem anderen Körper im ›Liebesakt‹. Daß in diesem Akt auch Nahrung gespendet und eingesogen wird - das ist *für unser Thema* genauso zweitrangig wie es die Möglichkeit einer Zeugung für den ›Ernst‹ des aufgeklärten Diskurses über Sexualität, über den koitalen Liebesakt ist. Da es heute kein Problem mehr mit der Aufzucht von Säuglingen durch künstliche Nahrung gibt, können wir die ›Pflicht‹, zu der den Frauen das Stillen immer wieder umgefälscht wurde, getrost vergessen, können wir (theoretisch, analytisch) die Funktion der Versorgung vom verborgenen, wiederzuentdeckenden Liebeszweck trennen. Diese Trennung, die es praktisch natürlich nicht gibt, ist als Gedankenschritt nötig, um von jenem schwankenden Boden wegzukommen, auf den uns diejenigen aufgeklärten Männer *und* emanzipierten Frauen zurückbetrügen wollen, die schon das Wort ›Stillen‹ nicht hören mögen, weil sie es entweder mit Erbaulichem oder mit Druck und Pflicht verknüpfen. Die Analogie zur Befreiung des Sexus aus dem biologischen Zeugungszweck ist hier ganz deutlich. Es gibt heute keine (schwerwiegenden) ›biologischen‹ Gründe (Gründe, die den biologischen Sinn des Stillens, die Ernährung des Kindes, betreffen) für das Brustgeben mehr. *Eben deshalb* konnten Minderheiten in der Frauenbewegung zum Stillen zurückfinden -

als zu einer Lustquelle und damit zu einem Horizont weiblicher Emanzipation.

Nun gut, was aber läßt sich zum Thema ›faire l'amour‹ durch Stillen wirklich *sagen* - außer daß hier eine Erfahrung Frauen und Säuglingen geraubt wurde, die es zurückzugewinnen gilt? Es (das Thema) bietet, glaube ich, eine besonders gute Möglichkeit, über *Natur* (Körper, Trieb, Begierde) zu sprechen, ohne schon im Vorfeld an den komplizierten Wechselseitigkeiten und doppelten Spiegelungen der Geschlechterdefinitionen zu scheitern. Wir hätten hier als Ausgangspunkt Sexualität (Körper) und/aber nur *ein* Geschlecht (weil wir das des ›anderen‹, des Kindes, nicht zu beachten brauchen).

Zunächst: die Scheu, Frauen mit ihrer ›Natur‹ zu identifizieren, ist sozusagen geschichtlich berechtigt. Gleichwohl ist Natur (Körper, Trieb, Begierde) immer auch ein point de résistance gegen eine Vergesellschaftung, die auf Konformisierung bzw. Subordination hinausläuft. Für die Frauen hat diese befreiende Perspektive aber ihre Tücke. Der Frauenkörper war zu lange der Käfig selbst, in den das gesamte Geschlecht hineingezwungen wurde. Dieser Körper war fruchtbar, und die Fruchtbarkeit wurde zur idyllisierten Grenze weiblicher Möglichkeiten (wobei sogar die Idylle, dieser schwache, klebrige Trost, nur den höheren Sozialschichten gegönnt war). Nun ist aber Fruchtbarkeit nie nur ›sie selbst‹, es gibt keine reine Biologie in der vergesellschafteten Welt. Vielmehr ist *Reduktion* auf Biologie gerade gesellschaftlich ›gemacht‹, ist geschichtlich Angetanes und nicht ›reine‹ Natur. Die reine (menschliche, weibliche) Natur ist verschwunden, ist zerstäubt zwischen den geschichtlichen Transformationen (der Formen des Zusammenlebens). Aber so wie es einen Betrug an den Frauen im gelogenen Namen ihrer Natur gab (und gibt), gibt es doch keine Befreiung außerhalb der Basis ihrer Natur. Diese Natur wäre dann nicht die ›echte‹ (also *bloße* Natur), sondern die als *eigene* erlebte, die selbst gefühlte, benannte *und überschrittene.* Eine als Vorwand für Unterdrückung hergenommene Natur wird ja immer beschädigt - sie wird gerade ›unrein‹, wird zum Krüppel. Das heißt aber, daß die Arbeit heraus aus der Unterdrückung doch wieder auf Natur rekurrieren muß - nicht auf eine unbeschädigte, aber auf eine anders, heilsam zu vergesellschaftende. Die Tatsache, daß eine Riesenzahl weiblicher Menschen im hochzivilisierten Teil der Erde die natürliche, auf ein Kind gerichtete Erotik ihrer Brüste verloren hat, ist ein Zeichen für beschädigte Natur. Ich nenne diese Erotik ›natürlich‹, weil ich glaube, daß sie einen Teil weiblichen Triebpotentials ausmacht, das, als

Möglichkeit, mit weiblichen Individuen auf die Welt kommt, ihren Körpern innewohnt. Aber eben nur als Möglichkeit. Die Frage ist immer, ob die sozialen Temperaturen günstig genug sind, eine Körperpotenz quasi auszubrüten, in Wirklichkeit umzuschmelzen. Was die Brüste der Frauen betrifft, so herrschte - in den Oberklassen, seit Beginn der Neuzeit - Polarklima. Erst heute ändert sich was. Die Möglichkeiten werden plötzlich gefühlt und benannt - und dann kann auch die soziale Phantasie nach Bedingungen ihrer *Entwicklung* suchen.

›Befreiung auf Basis der Natur‹ hieße also: die den Körpern innewohnenden Möglichkeiten *entwickeln.* Solche Entwicklung wäre schon wieder gesellschaftliche Tat und damit dem Rahmen einer fiktiven ›reinen‹ Natur entzogen. Erst als (gesellschaftlich) entwickelte ist die biologische Potenz ›reif‹ und wirklich, man könnte auch sagen: Die Natur braucht die Gesellschaft als ihre Realisatorin. Und dennoch ist das, was dann *wirklich geworden* ist, nicht mehr ›Natur‹, sondern Form, Gestalt, besonderes Lebensverhältnis. Oder: *Kultur.* Summa: Was Frauen herzustellen hätten, wäre eine Kultivierung der Erotik der Brüste, des Stillens. Damit ist gerade nicht die angemessene Ernährung eines Säuglings gemeint (die dabei mitgeschieht, erfreulicherweise, auf die wir uns aber nicht vorwiegend berufen sollten). Es ist gemeint: Liebeskunst, Ausdruck weiblicher Sinnlichkeit, Körperverschränkung, auch: Rausch.

Über das ›Wie‹ (der Kultivierung) traue ich mich noch nichts zu sagen - *daß* eine Kultivierung ihren Naturboden hätte, das mag noch einmal eine Analogie veranschaulichen:

»Die Parallele gerade des Stillens zum heterosexuellen Akt ist äußerlich eher auffälliger als es die tatsächliche Ähnlichkeit der Empfindungen und Erregungen erwarten ließe. Die Brustspitze, ein hochsensibles, erektionsfähiges Organ, dringt in die warme, feuchte Mundhöhle des Säuglings ein. Während Lippen, Kiefer und Gaumen das Organ umschließen, es rhythmisch saugend massieren, ergießt es seinen besonderen Saft in die tiefere Schlundregion des Kindes. Aber es gibt hier keine steile Kurve der Lust mit eindeutig markiertem Höhepunkt und plötzlichem Abfall, sondern eher einen flachen Bogen mit ein oder zwei gemäßigten Eruptionen, so wenn die Milch nach den ersten Minuten zögernden Rinnens plötzlich losströmt, als brauchte sie eine Weile, bis sie ihren Weg gefunden hat.«[2]

Die Ähnlichkeit zwischen beiden Formen von ›Liebe‹ scheint mir groß genug, um von der Kultivierbarkeit der einen Form her die der anderen vorstellen zu dürfen. Wie ließe sich die Analogie (die nur eine Denk-, eine Phantasiehilfe sein soll) weiter veranschaulichen?

Manche Frauen erleben die Trennung von ihrem Säugling, den sie stillen, mit einem ziehenden Schmerz unterm plexus solaris, wie ihn sonst nur Liebespaare kennen, die einander entbehren müssen. Sie erleben das Quellen ihres weißen Brustsaftes mit demselben Stolz, mit dem ein Jüngling seinen Samen betastet: Leben(fort)zeugender Stoff, der seinen lustgesäumten Weg in einen anderen Körper sucht ... Ich glaube gar nicht, daß diese Analogien so sehr hinken, was hinkt, ist die Realität. Denn zu der gehört ganz eng die Einschränkung: ›*Manche* Frauen ...‹ Vielleicht muß ich sagen: *wenige.* Viele Mütter ekelt ihre Milch, sie mögen es nicht, wenn sie zwischen den Stillakten herausläuft und ihre Haut netzt, sie fühlen sich befremdet durch die aufgerichteten Brüste. Sie reagieren wie ein Mönch, der einen verbotenen Erguß mit Kasteiungen sühnt. Sie wehren sich gegen die Erotik ihrer Brüste und bitten um Abstillspritzen, damit sie ihre Ruhe haben. Ungeübter, unbelehrter Sexus schwankt immer zwischen Lust und Ekel und verfällt dem letzteren, wenn keine Kultivierung, keine Form von Verfeinerung, von Ritus, von Sprache da ist, die ihn bestätigt und bildet.

Auch ›stillfreundliche‹ Epochen haben ja - spätestens in unserem Jahrhundert - einer möglichen Ausbildung der um die Brust zentrierten Sinnlichkeit das Klima geraubt. Die Stillfähigkeit der Mütter wurde im Übergang vom 19. auf das 20. Jahrhundert durch Medizinisierung und Pädagogisierung verwissenschaftlicht, damit der Kontrolle (männlicher) Experten und Funktionäre unterworfen, anstatt den Empfindungen von Frauen und Kindern. Sie wurde in einen engen, begradigten Kanal geleitet, anstatt fließen zu dürfen im Bett der Lust-Ströme. Ein Bett, das nicht wild und unbenannt zu bleiben brauchte, diese Alternative (›rohe‹ Natur) ist nicht gemeint, das vielmehr hätte kultiviert werden können, das heißt: umpflanzt mit Künsten.

Die Kultivierung eines Triebes (oder Triebanteils), also die *Entwicklung* einer (auf Lust zielenden) Körperpotenz kann sich sehr weit von ihrer ›rohen‹ Naturform entfernen und die verschiedensten Formen von Verfeinerung, von Raffinierung annehmen. So wissen wir, daß viele (alle?) Hochkulturen eine *ars amandi* kannten, eine Liebeskunst, in der die Fortpflanzung keine Rolle mehr spielte und die verschiedensten Verrücktheiten, Spiele, Rollentäusche, lauter raffinierte Formen des Sexus (die die Medizinisierung in unserer unentwickelt gebliebenen erotischen Kultur als ›Perversionen‹ oder als Homosexualität ausgrenzt) das Feld beherrschen. Es versteht sich, daß diese verfeinerten Formen strikt der luxurierenden Oberschicht vorbehalten waren - es gibt da aber noch einen *weiteren* Vorbehalt.

Weil alle Hochkulturen, die bislang das Licht der Geschichte erblickten, patriarchalisch strukturiert waren, blieb der weibliche Körper als Kulturobjekt unentwickelt. Ich denke dabei an die Genußpotentiale *in* der Fortpflanzung (Geburt, Stillen), die zwar immer mal wieder als Phänomene auftauchten, aber nicht auskultiviert, verfeinert, raffiniert worden sind. Auch die um diese Potentiale gruppierbaren ›Perversionen‹ und geschlechtertauschenden Spiele sind, soweit sie je entdeckt wurden, in unserer Zivilisation ganz vergessen (ein Zeichen für die mangelnde Kultivierung der Fortpflanzungslust überhaupt). Wer weiß heute, daß auch die männliche Brust nach ausreichender Stimulation durch einen Säuglingsmund Milch bilden kann (die zwar zur Ernährung eines Kindes nicht ausreicht, aber wohl zur Intensivierung des Lust-Tausches)? Welcher Mann käme auf die Idee, ein Neugeborenes unter sein Hemd zu schieben, bevor er es tränkt und es an seiner Nase oder Zunge saugen zu lassen, wenn sein, des Säuglings, Hunger gestillt, seine Sauglust aber noch wach ist? Manch männlicher Leser mag jetzt schnaufen vor Abwehr - aber sein Schnaufen verriete nichts anderes als das Vorurteil eines Eskimos, der erfährt, daß sich Angehörige anderer Kulturen mit den Lippen küssen.

Eine kultivierte Erotik der Brüste könnte den Alltag verändern. Ich halte mich wieder an meine Analogie, weil sie die einzige Brücke ist, die meine Phantasie mir schlägt. Man denke an ein Liebespaar - der Einfachheit halber an ein jung verheiratetes, weil der gesellschaftliche Konsens hier besonders großzügig ist. Ein Paar auf der Hochzeitsreise genießt sämtliche Privilegien, die für Zustände außerhalb der Normalität des Alltags noch übrig sind. Alle respektieren das Schild ›Bitte nicht stören‹ an der Hotelzimmertür, alle bedenken das Paar mit guten Wünschen, lassen es in Ruhe, lassen es hochleben, lächeln ihm nach, beschenken es. Kurz: Es gibt eine Art gesellschaftlichen Respekt vor der (legalisierten) Liebe (es gibt - inzwischen - einen minder breiten auch vor der ›freien‹ Liebe). Diese Art von Respekt oder restriktionsfreiem Raum beanspruchten und erhielten durch eine Kultivierung der Fortpflanzungslust auch Frauen mit ihren Kindern an der Brust. Gewiß sähe er anders aus, denn die Analogie ist nicht mehr als eine Analogie, viele Einzelheiten würden sich ganz neu gestalten. Aber immerhin: es gäbe eine Verschiebung in der Prioritätenskala (all)täglichen Tuns; es gäbe Raum und Zeit für die sinnlichen Qualitäten des Tragens, Gebärens und Nährens von Kindern. Wie anders wüchsen Kinder auf! Hätten Neugeborene eine Sprache und eine Schrift, wir besäßen längst einen Kanon ausgefeilter Liebestechniken zwischen Erwachsenen und Säuglingen. Die medizinisierte Pflege, die pädagogisierte Zuwendung sänken auf den Müllhaufen der Zivilisation und mit ihr die wohlfeile Erbauung, von der ein kritischer Geist mit Recht nichts wissen will. Was - dies nebenbei - der eingangs zitierte ›Spiegel‹-Redakteur nicht gemerkt hat (vielleicht nicht merken konnte) war, daß die ersten feministischen Versuche über das Stillen gerade in der Demontage des Idylls, der Erbauung, bestanden und neben einer Kritik des Idylls eine Ahnung der verschütteten sinnlichen Möglichkeiten ausdrückten.

Nun gibt es ja auch Feministinnen, die ebenfalls ›Erbauliches‹ (oder aber Zwang) assoziieren, wenn es ums Stillen geht. Die von der Mutterschaft nichts (oder nur das Nötigste) hören wollen, weil sie meinen, daß alles, was mit Fortpflanzung zusammenhängt, die Frauen gettoisiert - und sei es auf ›emanzipierte‹ Weise -, weil eben nur sie ›Kinder kriegen‹ können. Was für ein enges Denken! So ist es nicht oder: so brauchte es nicht zu sein. Um es einmal sehr kühn zu sagen: *Auch Männer können Kinder kriegen* - jedenfalls, was die sinnlich-erotischen Anteile an diesen Prozessen betrifft. Hierfür noch einmal meine Analogie auszubeuten - das überlasse ich jetzt der Vorstellungskraft der Leser/innen. Es ist - im Rahmen des Themas dieses Essays - eine Frage der Höhe von ars amandi mit Neugeborenen, wie weit Männer als ›Mütter‹, respektive Väter als Erotiker sich da vorantrauen. Jedenfalls sehe ich die Beteiligung von Männern an der Hege kleiner Kinder in *dieser* Perspektive. Wir, die Frauen, können (und müssen auch) Männer unter Druck setzen, sie zwingen, Pflichten mit Kindern zu übernehmen. Die Teilung dieser Pflichten ist eine kardinale Bedingung für die Gleichstellung der Frauen in allen anderen Belangen. Wir können sie, die Männer, aber *auch gewinnen* - durch das Angebot zur Teilung von Lüsten. Kinder suchen an der Brust nicht nur Brot, sondern auch Rosen. Und letztere - sehr feine, sensible Knospen - wachsen auch den Männern.

Nun noch etwas: Mir liegt daran, eine Potenz wie das Brustgeben unter ›Sexualität‹ zu fassen, weil ich eine ganz bestimmte Eigentümlichkeit des sexuellen Ausdrucks und Tuns, die Fähigkeit zur restlosen *Sättigung* (oder ›Erfüllung‹, wenn dieses großartigere Wort besser schmeckt) und der daran anschließenden befristeten *Abkehr* vom Liebesobjekt so gern als Empfindungs- und Handlungszyklus in die (frühe) Mutter-Kind-Beziehung hineinreichen sähe. Ich glaube, daß Mütter, die ihre Kinder begehrt haben und sich selbst sinnlich an ihnen sättigen (›stillen‹) konnten, diese Kinder leichter loslassen, hergeben und auch von ihnen leichter losgelassen werden.

So unwahrscheinlich es klingt: Die Erotik der Brüste hätte durchaus auch den *Sinn,* die (zu) engen Bande zwischen Müttern und Kindern zu *lockern.*

Anmerkungen

[1] in: *Weiblich - Männlich: Kulturgeschichtliche Spuren einer verdrängten Weiblichkeit,* Hrsg. Brigitte Wartmann, Berlin 1980

[2] Barbara Sichtermann, *Leben mit einem Neugeborenen,* Frankfurt 1981, S. 76

»Von einem Silbermesser zerteilt -«

Über die Schwierigkeiten für Frauen, Objekte zu bilden, und über die Folgen dieser Schwierigkeiten für die Liebe

Einer der ersten Frauen-Songs aus den frühen Siebzigern schloß mit dem martialischen Refrain: »Frauen, zerreißt eure Ketten / Schluß mit Objekt-Sein in Betten / Frauen gemeinsam sind stark.« Der letzte Vers war eine ältere Losung, die, wenn ich mich recht erinnere, schon 1969 auf einer Berliner Demonstration skandiert wurde: Zum 1. Mai, als das Wort Feminismus noch selten vorkam, der Anlaß mit Frauenproblemen nicht spezifisch zu tun hatte, ein Frauenblock dennoch ›für sich‹ schon loszog. Das, was zwei Jahre später als Neue Frauenbewegung ›massenhaft‹ hervortrat, hatte seine vielfältig vereinzelten, aber prägnanten Vorgeschichten.

Der Text jenes frühen Protestsongs spiegelte ganz gut die Inhalte der feministischen Empörung: es ging um das *Ende des Objektstatus*. Nicht bloß im Bett, auch die Ökonomie kam vor, das Lied war gründlich. »In der Werbung Puppen« reimte sich auf »Leichtlohngruppen«, das »Objekt-Sein in Betten« aber stand im Refrain, wurde also wiederholt, mit ihm war vorzüglich Schluß zu machen.

›Beendigung des Objektstatus‹, so läßt sich die Frauenrevolte ganz allgemein umschreiben (läßt sich ganz allgemein jede Revolte umschreiben). Die Implikationen sind wichtig. Wer Objekt (von was immer) nicht mehr sein will, entthront ein Subjekt, das ihn oder sie zu etwas gemacht hat und setzt sich selbst - nein, nicht unbedingt an dessen Stelle, setzt sich aber selbst als Subjekt: zunächst mal einer Veränderung des Status quo. Wer Objekt nicht mehr sein will, entzieht sich: der Behandlung, Degradierung, Manipulation, Definition etc. eines anderen. Er oder sie bricht aus einem Verhältnis aus, das, sagen wir es vorsichtig, von Zeichen der Unterwerfung, von Malen des Zwangs in irgendeiner Weise behaftet war. Wenn der Ausbruch gelingt, ist das ehemalige Objekt nun ›frei‹. - Damit ist noch nicht gesagt, wie es weitergeht. Das Verhältnis kann sich umkehren (wie bei einem Ringkampf, in dem Angreifer und Verteidiger

Rollen sind, die - bis zur Entscheidung - beide Beteiligten alternierend spielen), es kann sich auch einfach nur auflösen. Die Befreite läßt dann ihren Bedränger von einst stehen und entfernt sich. Schluß.

Klar ist, daß sich alle Verhältnisse von Menschen zu Menschen und von Menschen zu Dingen in Termini von Subjekt und Objekt fassen lassen, auch solche, in denen Unterwerfung und Herrschaft höchstens in sehr sublimierter Weise vorkommen. Meine formalisierte Beschreibung von der ›Beendigung des Objektstatus'‹ hat also ihre schwache Seite, weil sie auf zu vieles paßt. Sie kann aber einen erhellenden Zweck erfüllen, wenn wir ihre Einfachheit zur Formulierung einer Frage ausnützen, die vielleicht weiterführt. Und wenn wir im Auge behalten, daß das Objektsein, das hier gemeint ist, ein geschichtlich spezifisches war, jenes den Feminismus mitauslösende Objektsein war »in Betten«, die sich seit 1970 auf Ketten reimten. »We 've got to get out of this place«, sagten die Frauen mit Blick auf die Herzen, die Betten, die Häuser, aber auch die Worte, die Verse, die Schwüre ihrer Männer. »These places« waren ihnen zu Käfigen geworden. Sie zogen aus und waren nun ›frei‹.

Über die Folgen ist schon manches gesagt worden. Die entthronten Subjekte versuchten, ihre Position zu halten, wo dies mißlang, gaben sie auf und zagten. Die Zeit der Debatten um ›emanzipationsgeschädigte‹ Männer begann. »Weibliche Utopien - männliche Verluste« hieß eine headline zum Thema. Das alte Subjekt-Objekt-Verhältnis war zerstört (nicht für die Majorität, aber für die feministische Avantgarde und ihren männlichen Anhang), an seine Stelle trat zunächst nichts als Triumph, Klage, Reflexion, als die emotionale oder gedankliche Bemächtigung der Zerstörung. Aber keine erkennbare neue Konstellation.

Die Frage, die ich jetzt aus der formalisierten Beschreibung der Revolte folgen lassen möchte, lautet: Wie kommen die Frauen, die ›befreiten Objekte‹, dazu, *selbst Objekte zu bilden?* Können sie es? Versuchen sie es? Dürfen sie? Wollen sie? ›Objekte bilden‹, das ist wieder sehr allgemein gesagt. Aber lassen wir es eine Weile so stehen. Wir haben damit die Chance, uns von den Betten, die sich auf Ketten reimen, ein wenig noch entfernt zu halten und können uns erst einmal darüber verständigen, welchen Radius diese Frage hat.

›Objekte bilden‹ - das muß nicht gleich ein Bezwingen sein. Objekte können ja Widerstand bieten. Es heißt zunächst nur: sich selbst in ein aktives Verhältnis zur Welt setzen. Jedes neugierige Kind macht die Welt zum Objekt seiner Erkenntnis, seiner Experimentierlust, aber es ›bezwingt‹ an ihr nur ihm geneigte, ihm entgegenkommende Partikel. ›Objekte bilden‹ hieße dann zugreifen, aneignen. Aber auch: Distanz herstellen, um zu beobachten, zu betrachten und um die Aufmerksamkeit wieder abzuwenden. Es hieße, ein Ding, einen Menschen oder eine Vielfalt von Dingen und Menschen *für sich setzen*, isolieren und wissen wollen, was es mit ihm, mit ihr auf sich hat. Und irgendwann zum nächsten übergehen. Es hieße: den Gegenstand ergreifen, halten, etwas mit ihm machen, ihn loslassen, ihn ansehen, ihn beurteilen. Ein Prozeß, in dem beide, Subjekt und Objekt, sich verändern können.

Frauen sind beim Objekte-Bilden in der sozialen Welt von einer historischen Schwäche behindert. Sie haben es in Jahrhunderten kaum erlernt. Wie sollten sie nun, in unserem Emanzipationszeitalter, quasi aus der Hüfte dazu fähig sein! Das Bilden von Objekten, das Er-, Begreifen von Welt, oder noch allgemeiner: Aktivität als Bemächtigung, das ist nicht bloß etwas schlicht Menschliches, das ist eine Potenz, die Ermutigung braucht und Tradition, Ansporn und Geschichte, Vorbild und Nachklang. Frauen fehlen diese Stimuli. Sie müssen die erst aus sich erzeugen. Ausnahmen, also Frauen, die gleichsam aus dem Nichts heraus objektivieren konnten, gibt es sicherlich in einer Fülle, die zu rekonstruieren heute ebenfalls neue Frauensache ist. Für die Mehrheit aber gilt, daß sie sogar die Bedingungen ihrer Emanzipation, also die für jeden eigenen Schritt fundamentale Fähigkeit: das Bilden von Objekten - erst herzustellen haben. Ein wahnsinniges Stück Arbeit.

»Der Feminismus fordert die Frauen auf, sich des Stoffs zu bemächtigen. Er ruft sie auf: Wir müssen uns hermachen über die Geschichte, müssen Philosophie und Naturwissenschaft überfallen, müssen Logik und Dialektik zwischen die Zähne nehmen, die Kunst kapern, die der männliche Geist, vampiristisch ernährt aus dem gefesselten weiblichen Ego, im Verlaufe von Jahrtausenden errichtet hat.«[1]

So ein feministischer Text aus der Zeit des Aufbruchs vor acht Jahren. Er bringt mich auf ein anderes Wort. Aggressivität, das ist es, was Frauen ›aus dem Nichts‹ lernen, entwickeln, herzeigen müssen - als Gefühl, als Bewegung, als Tat. Die neue Frauenbewegung hatte es - als Pose und als Ausdrucksqualität, aber auch als polemisches Talent - von Anfang an. Sie hat gleich im Auftakt den richtigen Ton getroffen. Das machte sie so furchterregend - und verschaffte ihr Publizität.

Sicher haben auch Frauen, zu allen Zeiten, ›ihre‹ Objekte besessen. Die Kinder, die sie trugen, von denen sie gleichwohl besetzt blieben; die Wäsche, die sie wuschen, von der sie zugleich umhüllt und umspannt blieben; die Männer, die sie in ihren Herzen bargen, von denen sie gleichwohl abhängig blieben. Auch Umsorgen ist eine Form von Objektivieren, die kann sogar zur Bemächtigung sich festigen und hat das auch sicher oft getan. Sie hat aber den Nachteil, daß sie das Objekt nie weit genug isoliert, heraustrennt aus seinem Kontext und entfernt hält vom Subjekt, um es (vorübergehend oder für immer) auch aufzugeben. Das Zugreifen *und* das Loslassen-Können machen erst ein Objekte-Bilden im Sinne einer souveränen Aneignung, die auch wieder hergeben kann und will, aus.

Angesichts der ›historischen Schwäche‹ von Frauen halte ich es für eine Perfidie, die besseren Fähigkeiten der Männer zum ›Isolieren von Objekten‹ als biologischen geschlechtsspezifischen Unterschied zu rubrizieren. Ein Buch, in dem solches Zeug steht, mache ich dergestalt zum Objekt, daß ich es in die Ecke feuere. Es gibt solche Thesen immer noch, auch unter progressiven Autoren, die der Sache der Emanzipation dienen, dabei aber ›realistisch‹ bleiben wollen.

Schwach im Bilden von Objekten, das sind wir historisch geworden - als Geschlecht. Wir werden es nicht bleiben und damit eine neue Form des Objektivierens, das heißt ja auch: des *Herstellens* von Verhältnissen und Dingen, in die Welt setzen. Einstweilen schlingert noch vieles in der Konsequenz unserer Schwäche, welche ja erst benennbar, objektivierbar geworden ist als sie selbst, seit wir den Objektstatus aufgegeben haben. Unsere Schwäche und der Anfang von ihrem Ende: das macht die Situation so schwierig.

Welche Situation? Lassen wir jetzt von der Formalisierung, von der Verallgemeinerung wieder ab, sie hat uns bis hierher geholfen, alles weitere würde sie in Beliebigkeit einebnen. Die Situation, die wir jetzt befragen, ist die der Geschlechter, ihres Verhältnisses. Wir kehren zurück zu den ›Betten‹.

Vor einigen Jahren, etwa zu der Zeit, in der auch der oben stehende feministische Aufruf zur ›Bemächtigung‹ von Kunst und Wissenschaft verfaßt wurde, las ich in einer Zeitschrift eine Kritik an jenem frühen Frauensong (oder auch an einem anderen Zusammenhang, in dem die Männer als fühllose Objektivierer im Bett angeklagt wurden):

»Frauen, die sich im Bett als Objekte fühlen, sind selber schuld. Warum schlafen sie mit Männern, die sie nicht begehren.«

Leider ist mir der Name der Autorin entfallen, ich weiß nur noch: es war eine Autor*in*. Offensichtlich ist, daß diese Frau denselben Fehler gemacht hat wie der progressive Biologe, der die Fähigkeit zum Isolieren von Objekten für genetisch ungleich auf die Geschlechter verteilt ausgab. Sie setzte sich über die ›historische Schwäche‹, besser: über das Historische an unserer Schwäche (zum Objekte-Bilden) hinweg. Begehren heißt Objektivieren, heißt es sogar auf radikale Weise. Wie sollen Frauen, belastet von ihrem drückenden, jahrhundertealten Defizit, von heute auf morgen dazu imstande sein?

Die kritische Autorin würde mir jetzt wohl antworten: Willst du behaupten, daß Frauen nicht begehren können? Ich müßte sagen: Doch, aber ... Das weibliche Begehren ist ein gebrochener, zerstückelter, verbogener, entstellter Trieb. Schon während er sein Objekt noch sucht, wird er gehemmt, umgeleitet, zum Schweigen, zur Flucht genötigt. Nicht nur, weil Frauen wie gesagt subjektive Schwierigkeiten haben, Objekte zu bilden, sondern auch, sondern vornehmlich, weil die potentiellen Objekte dem Ergriffenwerden einen zähen Widerstand bieten - bis hin zum schlichtwegigen Ignorieren des Versuchs, sie zu ergreifen. Das weibliche Unvermögen, Objekte zu bilden, ist nicht nur eine geschichtlich bedingte Verkümmerung, weil Lernmöglichkeiten fehlten, sondern auch eine stets aktuell, stets erneut zugefügte Verstümmelung, weil sich die Objekte, die da zu erfassen wären, gegen die Isolierung, gegen den Zugriff, die Betrachtung, die Entlassung wehren. Sie tun dies quasi reflexhaft, und ein ganzer Überbau von Normen, Moralen, Gebräuchen und - wenn ich so sagen darf - sozialen Stimmungslagen legitimiert sie darin. Das sind Prozesse, die ablaufen, ohne daß die Beteiligten wüßten, was sie der (ohnehin reduzierten) Objektivierungsfähigkeit der Frauen damit antun.

Wenn richtig ist, was ich hier über die Männer sage, folgt zweierlei: Erstens: die Männer wollen (oder können) sich nicht begehren lassen. Zweitens: die Frauen müssen ihre Fähigkeit, zu begehren, entweder rückbilden oder umlenken. Zum letzten Punkt zuerst: Mir scheint wirklich, daß beides geschieht. Das weibliche Begehren ›traut sich nicht‹, es greift zu kurz, und wenn es nicht weit vor- und ausgreifen kann, wenn es sich nicht aufbäumen darf, kann es sich nicht differenzieren, kann es sich nicht konzentrieren. Es wächst und wird doch nur am Objekt. Wenn das Objekt sich drückt, wird der Zugriff zag, die Phantasie bleibt kindisch und an Klischees gebunden. Was übrig bleibt, kehrt zum Subjekt zurück und umkreist das eigene Ich. Die sogenannten erotischen Frauen, die viel mit der Liebe im Sinn haben und hinter denen die Männer her sind, haben es oft nur gelernt, ihre libidinösen Energien auf sich selbst zu konzentrieren. Der weibliche Narzißmus in dieser Gestalt ist eine Zurichtung.

Zum ersten Punkt: Wollen die Männer sich wirklich nicht begehren lassen? Sie wollen vielleicht schon, aber sie können selten. Hier haben *sie* jahrhundertelang *nicht* gelernt. Wenn es um das Verhältnis der Geschlechter selbst geht, kehrt Unterdrückung stets als Selbstunterdrückung wieder, fließt die Rache unmittelbar aus der Dialektik, ohne daß die Unterdrückten die Zähne zu zeigen brauchen. Sich-zum-Objekt-machen-Lassen, das können die Männer auch nicht so aus der Hüfte, hier haben *sie* ihre historische Schwäche, und damit wird vielleicht endlich deutlich, was das für komplizierte, doppelt geschlungene Ketten sind, auf die sich die Betten seit zehn Jahren reimen.

Die Frauen, die damals sagten ›Schluß mit ...‹, schlugen nicht vor, daß jetzt das Objekte-*Machen,* das *Subjekt-Sein* für die Frauen ›in Betten‹ zu folgen habe. Sie versuchten nicht, das Verhältnis umzukehren. Das ist ein wichtiger Punkt. Die Frauen, viele Frauen lösten vielmehr ihr Verhältnis zu Männern ganz auf und wandten sich, sofern das Objekte-Bilden in der Sexualität für sie Thema, Wunsch, Impuls wurde, anderen Frauen zu. Nur hier, unter gleichen, schien die historische Schwäche als Schwäche, Liebesobjekte zu bilden, schrittweise überwindbar. Verena Stephans Erfolgsroman ›Häutungen‹, auch vor acht Jahren geschrieben, berichtet aus dieser Zeit. Weibliches Begehren, das sich äußern, ausschweifend äußern und damit es selbst erst werden wollte, ignorierte den Mann mit einer programmatischen Selbstverständlichkeit. Als sei er, der als Objekt versagt hatte und als Objektivierer zu weit gegangen war, hinfort als sexuelles Wesen außer Betracht.

Ich rede jetzt nicht von einzelnen Frauen oder Paaren. Was weiß ich schon davon. Ich rede von der feministischen (bzw. der sonst interessierten und ›progressiven‹) Diskussion, soweit sie öffentlich wurde. Ansätze zu einem Versuch weiblichen Objekte-Bildens gab es in der Sexualität außerhalb des Lesbianismus fast nicht.

Das ist insofern bemerkenswert, als sich in anderen Bereichen, in Politik, Kunst, Wissenschaft und Publizistik, ein Nachvollzug, quasi ein ›Training‹ des Objekte-Bildens stürmisch vollzog. Der 1974er Aufruf aus den ›Schwarzen Protokollen‹: »Wir müssen uns hermachen ...« konnte wohl nur deshalb so euphorisch-aggressiv ausfallen, weil der Zugriff der Weiber auf die ihnen bislang verschlossenen Domänen längst vorbereitet, längst unabwendbar war. Stadtbilder machten Frauen mit der Kamera, die unterschlagene Historie weiblicher Unterdrückung mit der Forschung zum Objekt, Parlamente und Gerichte machten sie mit Eingaben, die öffentliche Diskussion mit dem Zündstoff ›Feminismus‹ zum Objekt. Sie beanspruchten für sich die Straße, die Mattscheibe, manche Tribüne. Man mußte ihnen zuhören. Man mußte Gesetze novellieren. Man mußte sie ernstnehmen, mit ihnen rechnen. Überall Zugriff, Aneignung, Umgestaltung. Kleine Triumphe, weltgeschichtlich betrachtet, aber große Schritte raus aus der historischen Schwäche.

Nur im Bett war es offenbar Tat genug, den Objektstatus abgestreift zu haben, da kam es zu keiner Objektivierung, die den Mann gemeint hätte. Da geschah nichts als ein Bruch.

Damit wir uns nicht mißverstehen: Sicherlich gab es weiterhin Liebespaare. Es mag auch sein, daß die jüngere Generation sich schon manches traut, von dem ich nichts ahne, für sie mag ich nicht sprechen. Mir schien, als sei damals (und auch heute noch) lediglich ein ›Problembewußtsein‹ als eine Dauerstörung, als ein Verhängnis zwischen das Paar ins Bett mit eingezogen, als gäbe es keine Aussicht auf eine wirkliche Neuerung des Verhältnisses, keine ›strategische‹ Lösung. Man verzeihe den kriegerischen Ausdruck. Das Schlimme (wenn es denn schlimm sein soll) ist nicht, daß ich ihn hier gebrauche, sondern daß er hinpaßt.

Auch in der Sexualität, in den ›emanzipierten Betten‹, gibt es letztlich keine andere Lösung für die Frauen als das Wagnis des Objekte-Bildens (und damit für die Männer, die hier ausnahmsweise von den Frauen abhängig sind, keine andere Lösung als das Wagnis des Sich-zum-Objekt-machen-Lassens). Die allgemeine Formulierung der Revolte: Schluß mit dem Objektstatus, Ernst-Machen mit dem Selbst-Objekte-Bilden ist wirklich allgemein, das heißt sie duldet keine Ausnahme. Frauen gemeinsam mögen stark sein in vielerlei Hinsichten, ihre historische Schwäche im Verhältnis zu Männern (im Liebesverhältnis oder: in der Sexualität) können sie miteinander nur sehr begrenzt besiegen. Die Verschonung des potentiellen Objekts mit dem Interesse ist, in der Sexualität, nicht nur eine Kränkung, sondern auch - in versteckter, verschwiegener Form - Anerkenntnis seiner Überlegenheit, seiner Unerreichbarkeit und damit, noch einmal, Unterwerfung.

Die Befreiung der Sexualität war in den sechziger Jahren noch das Eingeständnis, daß es sie gebe und daß sie ihr Recht fordere. Es war wirklich die Sexualität, die zu befreien war, weniger die Geschlechter in ihr. Jetzt sind die Individuen dran. Sofern sie weiblich sind, müssen sie auch hier den Schritt zum Objekte-Bilden vollziehen, sonst lauern gleich hinterm Bettpfosten die alten Rollen. Die Männer, die ja auch an einer historischen Schwäche leiden, haben es etwas leichter: Ihnen ist der Rückfall in die alten Rollen erschwert, weil die Objekte, die zu bilden sie gewohnt sind, ihren Part verweigern. Da es ja viele Männer gibt, die der Frauenbewegung dienen möchten und nur nicht wissen wie, hier ein Hinweis: Sie könnten sich ihrerseits mit dem Objekte-Bilden (Isolieren, Zugreifen, Betrachten, Entlassen s. o.) etwas zurückhalten und damit den Frauen einen möglichen Rückfall erschweren.

Wer von Sexualität und Befreiung redet, sollte wissen, daß der Atemzug, in dem beide: ›Sexualität‹ und ›Befreiung‹, genannt werden können, ein Seufzer ist. Die Sexualität läßt sich vielleicht wirklich befreien - aber die Individuen in ihr? Sie, die Sexualität, ist ja doch auch eine Fessel, und gerade wenn sie für uns frei ist, sind wir in ihr gefangen. Statt ›befreien‹ sollten wir vielleicht lieber sagen: nach unseren *eigenen* Wünschen in ihr leben.

Die Sexualität hat die Kraft, *uns* zu ihrem Objekt zu machen (Frauen *und* Männer), vermittelt über die/den jeweils anderen, über die Geliebten. Der Begehrende ist Objekt seiner Begierde und so auch seines Objekts: In *dieser* Form kennen auch Männer den Objektstatus im Bett. Als (vermittelte) Objekte ihrer eigenen Begierde sind sie aber ›freier‹ im Sinne des ›nach eigenen Wünschen in der Sexualität Lebens‹ als die Frauen, die eigenes Begehren nicht entwickeln dürfen und deshalb abhängig bleiben von fremdem Begehren. Da liegt die Ungleichheit zwischen den Geschlechtern im Zeichen der Venus.

Ich könnte auch so sagen: das Sich-zum-Objekt-machen-Lassen (die alte Frauenrolle) ist, als ›freiwilliger‹ Part, schwierig, es setzt Mut voraus, denn es ist an ein Risiko gebunden. Wenn ich selbst handle, selbst wähle (also: ein Objekt bilde), habe ich eine größere Gewißheit, daß das, was geschieht, mir frommt, als wenn ich mit mir tun lasse (Objekt bin). Diese offene Stelle, diese zur Verletzung freigegebene Partie, die Achillesferse, das, was wohl ›Hingabebereitschaft‹ in einem älteren Wörterbuch der Liebe heißt, sie erst macht Lust wirklich. Wird der *ganze* Leib zur verwundbaren Ferse (alte Frauenrolle) - dann besiegt die Angst alle Lust, das Objekt wird zum Opfer. Fehlt aber selbst die Ferse, fehlt jede ungeschützte, fremdbestimmbare Zone im Liebesspiel, im Liebesakt (alte Männerrolle), dann besiegt Sicherheit die Lust, dann kann sie, die Lust, ihre überraschend-grenzensprengende Potenz nicht mehr ausgießen. Es gibt, mittlerweile, eine umfangreiche Literatur von Frauen über ihre quälende Bettgenossenschaft mit Männern, die zu gut objektivierten. Eigenartig, daß nicht mehr Männer ihre Enttäuschung über Nächte mit zu passiven Frauen ausdrücken. Was muß das für eine Lust sein, die sich ausschließlich aus eigenen Projektionen speist.

Da gibt es aber doch ein männliches Zeugnis wider das Nicht-

Objekt-Sein-Dürfen: die vergleichsweise reiche Geschichte der männlichen Homosexualität. In der Literatur leuchtet da ein Versdrama, ein kleines dekadent-verzücktes Opus: die ›Salome‹ von Oscar Wilde. Hier haben wir eine perfekte Verkehrung der Rollen: Die Frau ist es, die ihr Objekt mit unbeirrter, ergreifender Emphase bildet, monomanisch wie es sonst nur den Tenören und jugendlichen Helden unterm Fenster der Erwählten ansteht. Und das besungene Objekt - es wehrt sich, mit Schauder. Gewiß, im Stück ist es seine Mission, seine religiöse Inbrunst, die den Propheten Jochanaan dazu bestimmt, eine Objektivierung durch die lüsterne Prinzessin zurückzuweisen. Wir dürfen das Stück aber ruhig für unsere Belange interpretieren. Sein Autor, homosexuelles enfant terrible im viktorianischen England und im bourgeoisen Paris, wird schon gewußt haben, warum der Stoff ihm gefiel.

Salomes Hymnen auf den Jochanaan zeigen uns alle Elemente der Objektivierung in der Liebe: die Isolierung, die Zergliederung und - als das Entfernthalten vom Subjekt - die Ästhetisierung. Sie kennt, im Augenblick, da sie sich den Propheten in den Kopf oder besser: in die Sinne gesetzt hat, nur noch ihn, sie isoliert ihn und sich selbst in ihrem Begehren vom Rest der Welt. Und sie zerlegt ihn in Teilobjekte, in einzelne Reize. Sie besingt sein Haar, seinen Leib, seinen Mund. »Dein Mund ist wie ein Granatapfel / von einem Silbermesser zerteilt.« Wie beantwortet der (zu Höherem, Besserem, Ernsterem berufene) Mann diese Attacke einer ausgreifenden, zupackenden, benennenden, fixierenden Begierde? »Zurück, Tochter Sodoms!« Das sagt der Mann zu der Frau, die ihn zu ihrem (Liebes-)Objekt bildet. Der Prophet, der übrigens noch einen schwachen Versuch macht, Salomes Seele zu retten, hat seine eigenen religiösen Gründe, das lüsterne Weib abzuweisen; der weltliche Mann von der Straße trägt da ein Erbe. Erst wenn er sich wirklich auch zum Objekt machen läßt mit all den angsterregenden Setzungen, Isolierungen, Distanzierungen, die das impliziert, erst dann wird er wirklich hineingezogen in das ›Sodom‹ der Sinnenlust. Bislang kam er drumrum: die historische Schwäche der Frauen hielt Anfechtungen rar. Aber wenn nun die Frauen anfingen, nach Beendigung ihres Objektstatus, das Verhältnis, langsam und anteilweise, umzukehren?

Ich will nicht länger darüber nachdenken, was dann aus den Männern würde - ihnen sind meine Überlegungen in zweiter Linie gewidmet. Es geht um uns, um die Frauen. Wir können, objektivierend, nur gewinnen. Also hoffe ich, daß wir es proben, es lernen.

Ich sollte eingestehen, daß mich auch persönliche Gründe an dieser Hoffnung festhalten lassen. Eine schützende Hand der Göttin Venus hat mich davor bewahrt, mein Begehren ganz zurückzunehmen, und so bin ich - trotz aller Verachtung für seine Prätentionen - doch rettungslos verliebt in das andere Geschlecht, es erscheint mir mit seiner vorweltlichen Behaarung, seinen überständigen Posen, seinen kantigen Konturen, ja selbst seinem ›emanzipationsgeschädigten‹ Gebrumme und Gemaule so hinreißend, so begehrenswert. Eine Verblendung? Gewiß, aber eine, die auch neu sehen lehrt. Simone de Beauvoir hat gesagt, die Liebe sei eine Falle, frau solle sich, zum Wohle ihrer Emanzipation, hüten, hineinzugeraten. Wahrscheinlich hat sie jene Bezauberung gemeint, die die Geschlechterliebe beginnen läßt und die bekanntlich die klare Urteilskraft trübt. Wie einwegig gedacht, wie unähnlich der berühmten Philosophin! Die Bezauberung durch die Liebe lenkt den Blick nicht nur ab (u. U.: von der Emanzipation), sie konzentriert ihn auch (auf den Mann) und ist in dieser Befähigung die entschiedenste Objektivatorin, die sich denken läßt. Kaum je wieder bilden wir mit einer solchen Gesammeltheit ein *Objekt*, als wenn wir uns der Bezauberung durch die Liebe überlassen. Es liegt doch in der hymnischen Bewunderung, in der zärtlichsten Umkreisung immer auch eine strenge Distanz, gerade weil sie, die Bewunderung, die Umkreisung, etwas Unangemessenes, etwas den Proportionen des Alltags Fremdes haben. Wir isolieren, wir ergreifen, wir handhaben das Objekt, indem wir es begehren, wir tun ihm was an und sei es zunächst in Gedanken. Wir antizipieren seine Bewegungen, wir verfolgen es, belauschen es. Wir lassen es los, probeweise. Wir ergreifen es erneut, von einer anderen Seite diesmal. Wir verändern es. Warum diese hohe Schule des Objekte-Bildens den Frauen vorenthalten?

Als Frau, die das Objekte-Bilden im Zustand der Bezauberung *nicht* aufgegeben hat, kenne ich die Tücken der Situation. Tatsächlich neigen wir als Objektivierende dazu, die Rollen einseitig festzuschreiben. Der Rausch des ›Objekte-Bildens‹ im Zustande der Bezauberung hat eine eigene Dynamik, die die Bereitschaft zur Passivität, also zum Objekt-*Sein,* hemmen mag. Wenn ich einem Mann sage, sein Mund sei wie ein Granatapfel, von einem Silbermesser zerteilt, so erwarte ich, daß dieser Mund schweigt. Daß er sich leicht öffne, aber nicht, um mir eine Schmeichelei zu sagen, die eh kaum an das Bild vom Granatapfel und dem Silbermesser heranreichte. Gewiß habe ich zu dieser Erwartung heute ein historisches Recht - aber in der Zukunft, wenn sie denn die Frauen das Objekte-Bilden und die Männer das Objekte-Sein lehren sollte, hätte ich es nicht mehr. Diese Zukunft müßte um die Nähe wissen, die die Objektivierung zur *Herrschaft* hat und müßte eine Balance jenseits von Herrschaft durch Verflüssigung der Positionen herstellen. Lust setzte dann Objektivierung ebenso voraus wie Objekt-Sein, also Passivität.

Stellen wir uns vor: die Frauen zücken ihr Silbermesser, vorsichtig und unnachsichtig, und öffnen mit ihm die Münder der Männer. Ein zu aggressives Bild? Nein, längst fällig unsererseits. Ein utopisches Bild? Vielleicht nicht. Was das denn hier sei, das Silbermesser? Blicke, Worte, Zunge? Auch. Die Kunst der Objektivierung mitten in der Bezauberung durch die Liebe.

Anmerkung

[1] aus: Schwarze Protokolle, Heft 124, Berlin 1974, S. 20.

Der Ritter-Traum
Versuch über einen banalen Mythos

Fast kein Traum eines heranwachsenden Mädchens von Liebe und Sexualität, von der Zukunft ihres Gefühls und ihres Körpers, verzichtet auf die Figur des *Ritters.* Statt Ritter hätte ich auch Held schreiben können oder meinetwegen Märchenprinz. Irgendwann solle da eine strahlende Gestalt in die Lebenswelt des Mädchens einbrechen und alles verwandeln. Was können wir damit anfangen, mit dieser weiblich-weltlichen Ubiquität, mit diesem zur Enttäuschung offenbar ebenso wie zur unbelehrbaren Wiederholung freigegebenen Traum? Nur drüber lachen, ihn als Klischee, das er ist, verwerfen und die Träumerinnen wecken?

Können Ritterträume überhaupt Träume von einzelnen sein, können sie in ihrer Landläufigkeit etwas so Singulär-Privates wie die Phantasie eines jungen Mädchens besetzen? Offenbar. Der Rittertraum hat ja fast den Rang einer kollektiven Imagination, eines Mythos. Obwohl er ein Klischee ist. In vielen Klischees erhalten oder erneuern sich mythische Botschaften, und mancher Mythos hat im Zeitalter der Massenproduktion nur dann eine Chance zu überleben, wenn er eine ›industrielle‹ Form annimmt, also Klischee wird. Klischees haben zwar die Macht, die Authentizität von Erinnerungen zu retouschieren, sie an das anzupassen, was zu empfinden Konsens bzw. Kon-motion geworden ist, sie also durch eine normierte Interpretation zu ersetzen. Sie können auch die Unmittelbarkeit des Erlebens selbst beseitigen, sich einschieben zwischen Subjekt und Gegenstand, so daß die Wahrnehmung an den Rändern des Klischees aufhört und das, *was* sie umgreift, nach den Prinzipien des Klischees und nicht nach denen des Gegenstands ordnet. Andrerseits - wie sollte nicht das Klischee oder: der landläufige Ausdruck, sich dem individuellen Gegenstand längst aufgeprägt, ihn sich ähnlich gemacht haben? Und wie sollte es, das Klischee, entstanden sein und leben können, ohne Spuren eines wirklichen kollektiven Wunsches zu transportieren? Das hieße für unser Thema: die ganz eigentümliche Sehnsucht eines bestimmten jungen Mädchens nach einem Mann wird durch die Figur des Ritters verformt oder reduziert, aber auch wohl in eine mythische, also kollektiv-geschichtliche Gestalt gekleidet. Während zugleich der Mann, der ersehnt, vielleicht auch irgendwann angetroffen wird, nicht anders kann, als Attribute eines Ritters auszustellen und so den Rittertraum erneut zu nähren: Weil eben beide, Mädchen und Mann, Braut und ›Ritter‹, sich in einer Welt bewegen, deren Konventionen und Symbole sowohl den Gefühlen als auch dem Selbstausdruck gewisse Vorschriften machen. Es zählt zu den dümmsten Irrtümern der subjektivistischen Literatur, daß Träume, Phantasien und Wünsche, also das, was die Leut so in ihren Tagebüchern, Briefen oder Gesprächen unzensiert mitteilen, den durch die Gedankenmühle gedrehten Kopfprodukten an Authentizität etwas voraushätten. Wenn uns - als jungen Mädchen oder als alten Männern - irgendetwas am wenigsten gehört, dann sind das unsere Träume.

Nun gut. Wir können also den Rittertraum als Klischee kritisch verwerfen, ihn abwerfen, ›ablehnen‹ - wir können ihn aber auch als mit Resten mythischer Botschaften behaftet ernstnehmen und zu interpretieren versuchen. Wir werden dann finden, daß er uns einiges anzuvertrauen hat über das Verhältnis, das Verhalten beider Geschlechter zur Sexualität.

Bleiben wir erstmal bei den jungen Mädchen. Während sie ihre Ritterträume träumen, gehen sie von der Schule ab oder beginnen mit höherer Mathematik, haben eine Menge ganz Unritterliches um die Ohren. Sexualität als Sehnsucht, als Phantasie, als Vorstellung der jungen Mädchen erstreckt sich wie eine geheimnisvolle Oase in die von so viel Zwängen und Ängsten verwüstete Zeit des Erwachsenwerdens. Als brauchte diese Zeit eine Bewässerung mit Strömen wildromantischer Mythen, die so trivial und vergeblich sein dürfen, daß es schon fast zum Verzweifeln ist, als brauche diese Zeit des Erwachsenwerdens, die so viel Rationalität, so viel Diesseitigkeit und Energie erfordert, ihre Wunder, um durchlebbar zu sein, und seien es Groschenwunder.

In der Ritterfigur oder: in der Vorstellung des *romantischen Liebesabenteuers* lebt ja die Idee der *Wende* und des *Neubeginns;* es lebt darin die Aussicht auf einen ›Tigersprung aus der Zeit‹, auf eine Auferstehung im Diesseits. Der Ritter erscheint, er bezaubert das schöne Kind und ist von ihm bezaubert - ›mit einem Schlag‹, mit einem coup d'oeil, es genügt ein Blick - er hebt das Mädchen auf seinen Schimmel und reitet mit ihm davon. Nichts ist mehr wie es war, und wie es sein wird, ist noch offen, nur eins ist gewiß: daß weder Vater noch Mutter, die daheim um die Tochter weinen, noch wichtig sind, daß die Orte der Kindheit verlassen werden, während das Paar, gewiegt vom Trab des treuen Rosses, seine ersten Küsse tauscht.

Eine Abschieds- und Aufbruchsphantasie also; aber wie sind die Rollen verteilt? Was uns als Feministinnen an dem Rittertraum mißfällt, ist, daß hier alle Aktivität auf seiten des Mannes verbleibt: er *kommt* angeritten, er *hebt* das Mädchen aufs Pferd er *reitet* mit ihr *davon*. Sie erscheint als Objekt, als Beute, vielleicht als Opfer, jedenfalls passiv. Aber halt. Diese - wie ich sagen möchte - feministische Ad-hoc-Interpretation ist nicht ganz zutreffend. Es fehlt ja in der Reihe: Ankommen, Aufs-Pferd-Heben, Davonreiten ein Zwischenstück, es fehlt das Wesentliche: der coup d'oeil, der Augenblick des Sich-Verliebens. In diesem Augenblick des Augenblicks muß auch sie irgendeine Form von Aktivität entfalten, beispielsweise vor die Tür treten, sagen wir: mit einem Krug Wasser in der Hand. Sie muß im Gesichtskreis des Ritters erscheinen, ihn ansehen usw. Im Augenblick des Augenblicks sind beide in etwa gleich aktiv: ansehen, lächeln, flüstern; und gleich passiv: sich ansehen lassen, zuhören usw. Ich setze jetzt natürlich voraus, daß sich das Mädchen wirklich verliebt und mitreiten will.

Der zweite Fehler der feministischen Ad-hoc-Interpretation: sie nimmt die Sprache des Traums fälschlich wörtlich. Ist der Ritter wirklich ein Mann - gar ›der‹ Mann? Auch bei Tagträumen empfiehlt es sich, zu prüfen, ob nicht die Sehnsucht und ihr Objekt und dann vielleicht noch einmal Objekt und Subjekt vertauscht werden müssen, damit die Botschaft einen Sinn ergibt. Bei der Interpretation weiblicher Vergewaltigungsphantasien wurde der nämliche Fehler gemacht, das heißt, Interpretationsarbeit wurde gar nicht erst geleistet, man tat, als sei eine Phantasie eine Zeitungsannonce, man nahm die Buchstaben blank. Hier allerdings waren es die Männer, die die falsche Version ventilierten, weil sie ihnen nützte. Also, stellen wir richtig: Für eine Frau, die ihre Lust mit Vergewaltigungsphantasien steigert, ist die Gewaltsamkeit des Akts nur ein Chiffre für die Gewalt ihres eigenen Verlangens; sie muß das selbst nicht wissen und mag über ihre Vorstellungen erschrecken, aber deren Erklärung ist sozusagen harmlos: Die Frau wünscht sich nicht wirklich Gewalt von einem Mann, sondern sie übersetzt die Gewalt ihrer Wünsche in ein landläufiges Bild, in das erste beste Klischee, das Gewaltsamkeit mit sexueller Aktivität verbindet. Genauso scheint mir der ›Ritter‹ nichts anderes als eine Chiffre für die Liebe selbst bzw. für die ›herangewachsenen‹ Leibwünsche, für die Sexualität. Sie, die Sexualität, solle kommen, das Kind aufs Pferd heben und es entführen. Sie sei stärker als die Tränen der Eltern und mache die Orte der Kindheit vergessen. Und noch eine interpretatorische Gleichsetzung können wir vornehmen: Der Ritter mag als Projektion verstanden werden, das heißt die Sexualität möge noch einmal durchs Subjekt selbst ersetzt oder besser ergänzt werden, ausgestattet werden mit Attributen, die vom Subjekt stammen: Ungestüm (im Erscheinen), Zärtlichkeit (im Ansehen und Hochheben), Entschlossenheit (im Davonreiten). Diese Eigenschaften wären dann Beschreibungen der Wünsche des Mädchens selbst, sie selbst ist in ihren sexuellen Wünschen ungestüm usw.

Wenn es wirklich - als Interpretationsidee - ›erlaubt‹ ist, an die Stelle des Ritters die Sexualität selbst zu setzen (und ich glaube, daß diese Interpretation nicht nur zulässig, sondern richtig ist), dann läßt sich vom feministischen Standpunkt kein Einwand mehr gegen den guten alten Rittertraum erheben. Jetzt ist es nicht mehr der Mann, dem alle Aktivität zufällt, es ist die Sexualität des träumenden Mädchens, die ja als Reifung, als körperliche Verwandlung, etwas fast Gewaltsames hat, die ja Wünsche plötzlich fernlenkt, umlenkt, auf sich konzentriert, die, mit einem Wort, wie eine fremde und zugleich ersehnte Macht in das Kinderleben hineinreitet und alles verwandelt.

Die Eigenaktivität des Mädchens ist bescheiden: sie kann nur zustimmen, kann durch das Sich-Entführen-Lassen der Sexualität die Macht nur zuerkennen, die die sowieso besitzt. Aber immerhin, es gibt einen Moment der Wahl. Das Mädchen kann entscheiden, ob sie mitreiten will - oder ob sie geraubt werden muß.

In dieser Lesart begegnet uns der Rittertraum als Postpubertätsmythos, als eine sehr allgemeine Phantasie vom Einbruch und von der Macht der Sexualität in der individuellen Biographie. Sogar das unvermeidliche weiße Pferd erweist sich jetzt als sinnvoller als wir - vernünftig, geschmackvoll und kitschigen Vorgestrigkeiten abhold - zuvor vermuteten: das Auto oder das Flugzeug passen, obwohl sie (und nicht das Pferd) Transportmittel der Gegenwart sind, nicht so gut in die Bildersprache der Sexualitätsmythologie; die drei Gangarten des Pferdes in ihrer verwegenen Rhythmik triumphieren als Sexanspielung mühelos über die vier Gänge des Automobils oder über die Schleifen eines Jets. (Auch hier stößt der Fortschritt an gewisse natürliche Grenzen.) - Ja, die Qualität eines Postpubertätsmythos hat, denke ich, der Rittertraum wirklich, seine weite Verbreitung und Langlebigkeit haben damit zu tun, daß das Erwachsenwerden als ›Frühlingserwachen‹ über Geschichtsepochen und soziale Klassen hinweg ähnlich erlebt wird (bzw. gewisse Ähnlichkeiten im individuellen Erlebtwerden behält) und deshalb als Lebenszeitstrecke, als Erlebnisraum einen guten Boden abgibt für die Blüte kollektiver Träume - die beides sind: Mythen und Klischees.

Nun, was wissen wir jetzt? Außer daß die törichten Träumerinnen an einer kollektiven Klugheit teilhaben, die die Sexualität und ihre Macht, ja ihre Gewalt während ihres ersten Erscheinens in einer Lebensgeschichte treffend zu symbolisieren versteht? Wir wissen noch ein wenig mehr: Daß junge Mädchen (in ihren Träumen) der Sexualität einen bemerkenswerten Tribut zollen, daß sie die Umstände der Liebeswahl und ihre Folgen imaginieren als ›Wende‹ und ›Neubeginn‹, als ›Tigersprung aus der Zeit‹, als ›Auferstehung im Diesseits‹. Daß sie, kurz gesagt, sich alles und mehr, jedenfalls etwas ganz anderes, etwas berauschend Neues von den erfüllten Leibwünschen versprechen. Ist das nun noch einmal töricht? Wäre es besser, die Dinge ›realistisch‹ zu sehen und den siebenten Himmel samt dem Ritter zu Hölle und Teufel auf den Müll der Geschichte zu schicken? Ach, Aufklärung wurde ja längst genug besorgt. Als neueste Blitzeschleuderinnen kamen wir, die Feministinnen, hinzu. Nein, es geht mir nicht darum, die Ritterträume als Illusionen zu entlarven, sondern den Traum in der Illusion, den Mythos im Klischee zu entdecken. Und da sehe ich, daß im Rittertraum sich ein Respekt vor der Sexualität ausspricht, der der Duzfreundschaft mit der Göttin Venus, den unsere Epoche kurzsichtig und ungefragt schließen zu können glaubt, eine strenge Stirn bietet. Der Rittertraum gibt der Sexualität, der Geschlechtsliebe, ein Stück jener alles entscheidenden Macht zurück, die unsere moderne Welt ihr, nachdem sie sie ›enttabuisiert‹ und medizinisiert hat, nicht mehr gönnen will. In jenem Traum, in dem die Sexualität die Bedeutung einer existenziellen Wende besitzt, scheint sie mir ein letztes Mal adäquat (kollektiv) geträumt. Denn was können wir über sie, die Sexualität, Treffenderes sagen, als daß sie uns, wenn sie ›angeritten‹ kommt - entführe? Und zwar zu einem *unbekannten* Ziel?

Ich versprach uns aus der Befragung des Rittertraums Aufschluß über das Verhältnis, das Verhalten *beider* Geschlechter zur Sexualität. - Wie steht es denn nun mit den Männern? Soweit mir bekannt ist, träumen auch Jünglinge Ritterträume. Nicht so oft, nicht so ausführlich, nicht so ausschweifend. Ihre Phantasie zieht mehr Nahrung aus Berufs- und Karriereplänen, also aus der - wenn man die mit Beruf und Aufstieg verbundenen Träume auf die Sexualität projiziert - homoerotischen Konkurrenz mit Männern. Aber wenn sie dann träumend sich als Liebhaber fühlen, dann machen auch sie, wie die Mädchen, gern diesen Ausflug ins Mittelalter. Und sie träumen dieselbe Geschichte, nur verkehrt herum. Sie sehen nicht etwa einen Jungen mit einem Krug in der Hand vor die Tür treten, bereit zur Begegnung mit einer schönen Dame, die, hoch zu Roß, um des Verliebens willen kurz verweilen, die dann den Jüngling aufs Pferd ziehen und mit ihm fortreiten wird. Nein, auch sie sehen im Traum einen Mann, einen Ritter, und zwar sich selbst als Ritter auf dem Pferd, sehen ein Mädchen, die Zukünftige, vor dem Tor, d. h. sie träumen denselben Traum, nehmen aber die entgegengesetzte Rollenverteilung vor. Wenn wir jetzt unser Interpretationsschema von oben erneut bemühen, so erhalten wir Aufschluß über das Verhältnis auch der Männer zur Sexualität.

Die berittene, behelmte Gestalt aus der Fremde, sie, die zu entführen, mitzureißen bestimmt ist - die Sexualität - wird jetzt von den Träumenden *verkörpert*. Die Männer identifizieren sich mit der Sexualität - sie können ihr dann also als einem Fremden, Entführenden, Mitreißenden nicht mehr begegnen. Sie können ihrerseits mitreißen (das Mädchen vor dem Tor), für sich selbst aber keine ›Wende‹ durch die Geschlechtsliebe fürchten und ersehnen. Sie lenken das Roß, d. h. sie wissen, wohin es geht. Eine Reise ins Reich der Sinne ist für einen Mann (so jedenfalls sagt es der kollektive Traum) kein Trip, d. h. keine Reise mit unbekanntem Ziel.

Daß in der abendländischen Kulturgeschichte, immer deutlicher seit der Aufklärung und begrifflich-wörtlich durchkomponiert im Werke Freuds die sexuelle Lust als eine rein männliche Potenz erscheint, Sexualität also mit Männlichkeit gleichgesetzt wird, ist ja bekannt: Daß der Rittertraum, als Männertraum betrachtet, diese These belegt, spricht für unsere Interpretation. Welche Folgen hat diese Gleichsetzung Sexualität-Männlichkeit für die Sexualität? Daß es die männlich-orientierten Rollenelemente sind, die in ihr, so wie sie praktiziert wird, dominieren, darüber ist schon viel gesagt worden, das lasse ich jetzt mal beiseite. Es gibt einen weniger beredeten, aber wichtigen Aspekt. Der Sexualität wird - von den Männern, die sie ja quasi verschluckt haben - kein Tribut mehr gezollt, kein Respekt mehr erwiesen, keine Macht mehr zuerkannt. Die Männer sind es, die jene peinliche Duzfreundschaft mit einer Göttin pflegen - im Glauben, es handele sich bei Venus um einen alten Saufkumpanen. Sie, die Sexualität, gilt als zähmbar, als immer schon gezähmt, als Roß am Zügel. Und derjenige Teil der Menschheit, durch dessen Anblick und Berührung sexuelle Wünsche ausgelöst und befriedigt werden können, die Frauen, sie, die sich offenbar sonstwas drunter vorstellen, während sie mal eben so aufs Pferd gezogen und ein Stück mitgenommen werden, sie gelten als nicht minder marginales Sensatiönchen in einem Männerleben.

Was für eine Anmaßung, für eine Präpotenz! Wie sollte Venus nicht mit Grausen in die Fluten zurücktauchen wollen. Ich vermute, daß es die Frauen sind, um deretwillen sie verweilt - denn um wie vieles ehrerbietiger und weiser träumt und hofft, in *seinem* Rittertraum, der weibliche Teil der Menschheit. Oder: wieviel besser begriff Käthchen von Heilbronn, was es mit der Liebe auf sich hat.

Nun will es ja das Schicksal, daß die Mädchen zur Erfüllung ihrer Wünsche sich nach *wirklichen* Männern umsehen müssen - das gilt wenigstens für die überwältigende Majorität - daß sie also die Erwartung einer ›Wende‹ nicht nur allgemein mit ›der Sexualität‹, sondern spezifisch mit *einem* Mann verknüpfen. Und hier erweist sich ihre Stärke (ihr - im Traum ausgedrückter - Respekt vor der Sexualität) als Schwäche: Sie finden unter den Männern kaum einen, der so kühn wäre wie sie - eine Reise anzutreten mit unbekanntem Ziel. Da, wo sie ›alles wagen‹ möchten, hat der Mann eine Risikoversicherung abgeschlossen. Da, wo sie auferstehen wollen im Diesseits, hat der Mann die Passion schon eliminiert, Da, wo für sie alles neu beginnen sollte, hat der Mann seine Laufbahn vermessen. Kein Sprung mehr aus der Zeit auf diesem lahmen Schimmel, solange der Mann - bzw. seine Minderachtung der Sexualität - ihn lenkt.

Aber lenkt der ihn denn? Ein Stück weit. Wir wären mit unserer Interpretation (Pferd und Ritter = Sexualität) auf dem Holzweg, wenn der Mann lediglich kraft Gleichsetzung *seiner* Triebe mit *der* Sexualität eine tatsächliche Unterwerfung aller Leibwünsche (ihrer Äußerungen, ihrer Erfüllungen) unter seinen Willen zuwege brächte. Der Schimmel lahmt - aber das kann Verstellung sein. Es kommt vor, daß er durchgeht. Da wir hier nicht von Einzelschicksalen, sondern vom Verhältnis der Geschlechter reden, sei an einem Beispiel aus der Literatur erklärt, wie ich das meine. Wann immer ein sensibler Literat bemerkt, daß die Unterwerfung der Sexualität unter Determinanten männlicher Ich-Kontrolle von Widerständen, die in der Sache selbst liegen, aufgehalten werden muß, schreibt er eine jener düsteren, tragischen, meist dramatischen Geschichten, in denen schließlich alle an der Liebe sterben. ›Carmen‹ und ›Lulu‹ sind ja keine Oden auf den Weibsteufel, sondern Darbietungen eines Rachefeldzuges der Göttin Venus, die man halt auf die Dauer nicht ungestraft verhöhnt.

Ja, so ist es. Solange nicht die jungen Männer endlich eine strahlende Dame auf hohem Roß imaginieren, solange sie nicht *ihren* Ritterinnen-Traum träumen lernen, sich selbst also sehen können als in Erwartung einer Wende, die durch die Sexualität auch in ihrem Leben herbeigeführt werden könnte, solange wird jene Göttin Beleidigungen hinnehmen oder auch rächen müssen, denn die Ehrfurcht des einen Teils der Menschen genügt ihr nicht.

Es läßt sich sicher noch manches spinnen um den Rittertraum herum. Lassen wir's gut sein, ziehen wir ein Fazit. Die Frauenbewegung bzw. wir Frauen in der Bewegung haben, seit wir uns auf unsere eigenen Wege machten, keine Ritterträume mehr geträumt und aufgelacht, wenn wir uns ihrer erinnerten. Bedenkt man, wieviele Ritterbräute auf der anderen Seite des Pferderückens wieder zu Boden glitten oder am Schwanz des Schimmels sich mitschleifen ließen oder - sicher die größte Zahl - neben Pferd und Reiter herkeuchten, dann kann man sagen: recht haben wir getan. Aber nun ... Nun sollten wir, die Identität von berittener Erscheinung und Sexualität vor Augen, innehalten und uns sagen: Die Kerle, die sich uns da als Entführer anboten, sie mögen die falschen gewesen sein. Das Bild aber von der mitreißenden, berittenen Gestalt, es hat, trotz all seiner scheinbar billigen Romantik, eine wirkliche Würde, die wir nicht ungestraft verletzten. Pferd und Reiter haben unter der Usurpation der Männer, die ja die - wenn ich so sagen darf - Macht der Liebe zu ihrem Vasallen, die den strahlenden Ritter zur Projektion ihres blöden Selbst und das weiße Roß zu ihrem Sockel erniedrigen wollten, genug gelitten. Sie sind so kurzatmig geworden, daß es, wenn sie uns doch noch mal entführen, nur noch zu einem Rösslsprung reicht. Geben wir ihnen Zeit, sich zu erholen! Zu den verschwiegenen Verdiensten der Frauen gehört es, daß sie – wie eine Analyse ihrer kollektiven Träume zeigt - nicht (bzw. sehr viel weniger als die Männer) daran mitarbeiteten, die Sexualität durch identifizierende Kumpanei zu banalisieren. Der Respekt, den wir vor der Geschlechtsliebe bewahrten, hat uns zwar selten (bzw.: seltenen) Sinnengenuß eingebracht, aber er hat uns auch vor dessen Surrogat, dem nah am Überdruß wohnenden beiläufigen Kitzel, verschont. Der lange Frust der Frauen - ist seine ›andere Seite‹ nicht der Widerstand, den wir der Entzauberung, der Banalisierung der Liebe entgegensetzten? Wie immer unsere sexuelle Emanzipation aussehen wird - sie sollte nicht auf eine Beförderung jener Banalisierung hinauslaufen.

Das wünsche ich mir nicht deshalb, weil ich uns Frauen als Priesterinnen der Liebe, womöglich wieder mal als Märtyrerinnen, sehe. Sondern weil der Verzicht auf die ›Ehrfurcht‹ (die männliche Form von Emanzipation) nichts nützt. Wer versucht, Roß und Ritter an der Nase herumzuführen, der wird ja dann auch nirgendhin mehr ent-führt, er erreicht kein ›unbekanntes Ziel‹, sondern bleibt im langweiligen Immerschon, im Elternhaus. Vielleicht ist der Ödipuskomplex nur eine Reaktion auf die bürgerliche Domestikation der Sexualität? (Dies nebenbei.) Die Männer des bürgerlichen Zeitalters haben versucht, dem Ritter sein Geheimnis (jenes ›unbekannte Ziel‹) abzujagen. Das ging schief. Der Schimmel trabte im Kreis. Es kam nichts Neues, keine Wende, keine Auferstehung im Diesseits. Jetzt sollten wir die Männer veranlassen, vom hohen Roß herunterzusteigen und ihre Niederlage einzugestehen. *Wir* brauchen an unserer Position nicht allzuviel zu korrigieren. Wir stehen da mit unserem Krug, bereit zum Augen-Blick. Wir erwarten eine strahlende Gestalt. Nein, Graf Wetter, du bist nicht gemeint, sondern: die sinnliche Liebe. Wer es dann jeweils sein mag, mit dem wir auf dem Pferderücken dies und jenes tauschen, das steht uns frei, es kann ein Mann sein oder eine Frau oder meinetwegen der Heilige Geist. Wichtig ist nur, daß keiner der beiden Reitenden sich einbildet, er oder sie *wüßte*, wohin die Reise geht. Daß *beide* sagen können: ›Nichts ist mehr wie es war, und wie es sein wird, ist noch offen.‹

Der § 218 und das Recht auf körperliche Unversehrtheit

»Ich habe darzulegen versucht, daß der Mann, der allein für die bestehenden Gesetze verantwortlich ist, mit dem Paragraphen 218 nicht etwa das bestehende Leben zu schützen sucht, sondern daß es ihm lediglich darauf ankommt, dem heranwachsenden Weibe die selbständige körperliche und geistige Entwicklung unmöglich zu machen, daß es ihm lediglich darauf ankommt, die Eingeweide des weiblichen Körpers als eine Domäne männlichen Unternehmungsgeistes strafrechtlich einzuhegen.«

Frank Wedekind

»All men are created equal.« Als die Menschenrechte formuliert wurden, waren die Frauen nicht mitgemeint. Die Demokratie ist männlich. Frauen konnten nicht mündig werden, weil sie - ja, warum eigentlich? Die Antworten, die ich in der feministischen Literatur finde, wiederholen die Fragen: »Frauen fallen aus der Begriffsbestimmung (des Rechtssubjekts) heraus, *weil* sie Frauen sind.«[1]. Und warum sind Frauen Frauen?

Wir haben uns daran gewöhnt, soziologisch zu argumentieren. Naturtatsachen gibt es in der vergesellschafteten Welt nicht mehr. Und dann stehen wir plötzlich vor Fragen, auf die die soziologischen Antworten qualvoll zirkulär wirken. ». . . weil das Patriarchat herrschte.« Es stimmt, daß die Geschichte die menschliche Natur sozusagen aufgesogen, sie spezifiziert hat in einer Weise, die es sehr erschwert, Allgemeines, das mehr wäre als das Self-Evidente, über sie auszusagen. Aber das Self-Evidente ist nicht gleichgültig, nur weil oder nur wenn es nicht spezifisch ist. Die Tatsache, daß Frauen gebären können, gilt allgemein, sie ist self-evident, ist durch Geschichte nur in ihrem Wie und Wo, aber nicht in sich selbst modifizierbar - es sei denn, man hält die Perspektive des Reagenzglas-Kindes, die Entbindung der Frauen von ihrer Gebärfunktion, für realistisch. Die weibliche Gebärfähigkeit ist eine Naturtatsache - gleichwohl ist sie, als Inhalt, als Gegenstand für das Nachdenken - von großer Bedeutung: Zum Beispiel bei dem Versuch, zu erklären, warum Frauen so lange in nicht selbst verschuldeter Unmündigkeit geblieben sind, warum sie erst im 20. Jahrhundert beginnen, Menschenrechte zu Frauenrechten umzuformulieren. Der weibliche Körper ist durch seine Fähigkeit, einen anderen Körper in sich und aus sich zu erzeugen, in einem ganz anderen Sinn Körper als der männliche. Er ist sozusagen der körperlichere Körper. All men are created equal, but women are different. Die Naturtatsache Gebärfähigkeit gestattet dem weiblichen Körper keine beliebige Fungibilität. Der weibliche bleibt also der definiertere Körper. Er ist obendrein, im Vergleich zum männlichen, der im physikalischen Sinn schwächere Körper. Es war eine vergebliche tour de force, in der die Frauenbewegung versucht hat, die geringere Muskelkraft der Frauen durch geschlechtsspezifische Sozialisation wegzuerklären. Die relative Kleinheit und Zartheit des weiblichen Körpers ist Biologie, Naturtatsache - ärgerliche vielleicht, aber nicht wegzuzürnende.

Kurzum: Als sich, an der Schwelle der Neuzeit, die Menschheit erhob, um die Natur um sich herum und in sich selbst zu erkennen, zu zähmen und auszunutzen, da hatten, für ein solches Geschäft, die Männer den Frauen gegenüber einen unschätzbaren Konkurrenzvorteil: Sie lebten ihr Leben weniger mit ihrem Körper. Und soweit sie es mit dem Körper lebten, konnten sie es leichter, ungestörter, berechenbarer leben. Sie werden durch keine Rhythmik, durch keine biologischen Gezeiten gezwungen, ihrem Körper zu gehorchen und diesem Gehorsam andere Absichten zu opfern. Ihr Körper blieb - abgesehen von den langsamen Prozessen des natürlichen Verfalls - immer gleich. Er war ein (relativ) verläßliches Fundament für Aufschwünge der Tatkraft und der Phantasie. Für die Frauen bildeten die mannigfachen Rücksichten, die ihr Körper ihnen abverlangt, ein zwar biologisches, aber doch historisch sehr ernstes Hindernis beim Aufbruch aus dem Mittelalter. Die Rhythmik und die relative Zartheit des Frauenkörpers hätte sich kompensieren lassen - es gibt ja auch Überlegenheiten der weiblichen Körpernatur, etwa ihre bessere physiologische Anpassungsfähigkeit und ihre stärkere Ausdauer - aber die großen Wandlungen dieses Körpers, seine Gravidität, seine Verdoppelung, seine Teilung, diese immer von Hoffnung und Angst, manchmal von Wollust begleiteten katastrophischen Körper-Beben, die hielten Frauen im Bannkreis des Bettes: Hochzeitsbett, Kindbett, Wochenbett, Krankenbett, Grab.

Sofern Frauen sich aus diesem Bannkreis, der durch ihre Naturbestimmung um sie herum gezogen wird, befreien wollten, mußten sie auf die Männer warten, bzw. auf die Errungenschaften, die die Männer von der Front des Kampfes mit der Natur heimbrächten.

Erst jetzt, wo wir alle dastehen und unseren Pyrrhus-Sieg über die Natur beweinen, haben Frauen die Minimal-Bedingungen für eine Emanzipation von der Körperschwerkraft ihrer Existenz in Händen: die moderne Medizin und Geburtshilfe, die verschiedenen Möglichkeiten der Empfängnisverhütung. Nur eines fehlt, aber das ist keine Kleinigkeit: *das Recht auf Abtreibung.*

Die Frauenbewegung hat, als sie vor zwölf Jahren loslegte, die ›Errungenschaften‹ kritisch angesehen. Sie hat die Pille abgelehnt, ohne die Notwendigkeit von Empfängnisverhütung zu bezweifeln, hat gegen die technisierte Geburtsmedizin polemisiert, ohne die Risiken von Hausgeburten herunterzuspielen (wenngleich letzteres vorkam), sie hat das Geschäft mit der Pflegebedürftigkeit des weiblichen Körpers angeprangert, ohne die moderne Hygiene zu verteufeln. Es ging im wesentlichen darum, daß Frauen die Bedingungen, unter denen sie ihre Existenz von der Körperschwerkraft loslösen, selbst kontrollieren (anstatt sich den Industrien und der Medizin auszuliefern).

Daß sie die Loslösung *wollen* - das ist vielleicht in einigen Ausläufern oder extremen Flügeln des Feminismus kontrovers, kaum aber in dessen Hauptströmung, im Feminismus als öffentlichkeitswirksamer und meinungsbildender sozialer Bewegung. Die Emanzipation der Frauen ist daran gebunden, daß ein Ausbruch aus den Naturfesseln, in die ihre Fruchtbarkeit die weiblichen Individuen immer wieder schlägt, gelingt. Auf ihrem Weg aus der Benachteiligung müssen die Frauen es hinnehmen, daß ihre Körper denen der Männer ähnlicher werden: daß ihre Bio-Rhythmen durch hygienische, medizinische und andere Hilfsmittel (vor allem Verhütung) in ihrem Einfluß auf die weibliche Vita zurückgedrängt werden. Im Maße, in dem das gelingt - und wir sind, insbesondere in den letzten Jahrzehnten, schon ziemlich weit fortgeschritten - tritt die Frau aus dem Bannkreis des Bettes heraus, wird sie biologisch mündig.

Obwohl ich das Argument von Minderheiten in der Frauenbewegung (das sich mit dem der politisch Konservativen deckt), die Frauen gäben mit ihrem ›Anderssein‹ eine Quelle möglichen Glücks preis, verstehe, scheint es mir doch, daß die Majorität in der Frauenbewegung mit ihrer Forderung nach Emanzipation gerade von der Körperschwerkraft, historisch im Recht ist. Es führt kein Emanzipationsweg an der (partiellen) Angleichung der Bedingungen, unter denen beide Geschlechter mit ihren Körpern leben, vorbei. Frauen müssen sich endgültig aus der Horizontalen erheben, das heißt, sie müssen die wissenschaftliche und technische Raffinesse unserer Zivilisation für diese (immer nur als partielle mögliche) Emanzipation von der Biologie nützen. Sie müssen die Fungibilität, die Elastizität und die Sprungbereitschaft ihrer Körper (Bereitschaft, in die Welt, ins ›Draußen‹ zu springen und sich dort aufrecht zu bewegen), die sie als Kinder besitzen, verteidigen gegen die Umorganisation in Richtung Horizontale, die die Pubertät mit ihren Körpern vornimmt, müssen dieser niederstreckenden Schwerkraft eine gewisse korrigierende Hemmung entgegensetzen.

Dieser Weg gegen die Naturbestimmung der Weiblichkeit (der übrigens seit hundert Jahren, mit Rückschritten, aber in der Tendenz immer entschiedener von den Frauen in der westlichen Welt gegangen wird) ist, so problematisch er gerade heute erscheint, da die Konsequenzen der Naturbeherrschung als neue Fatalität am Geschichtshorizont heraufziehen, doch unabdingbar: Gleichberechtigung setzt nun mal, so gerecht ist die Welt, die Bereitschaft und die Fähigkeit zur Gleichverpflichtung voraus. Das muß gar nicht heißen, daß die Frauen es den Männern in allem gleichtun. Es kann, umgekehrt, auch heißen, daß die Männer den Frauen ein Stück weit entgegenkommen, daß sie ihnen ein Stück ›Körperschwerkraft‹ abnehmen (beispielsweise die Pflege der Kleinstkinder übernehmen). Im wesentlichen aber ist die Route klar: Die zentripetale Bewegung der Frauen in Richtung Bett muß aufgehalten werden zugunsten einer Vielfalt zentrifugaler Alternativen. Die Emanzipation der Frauen von der Körperschwerkraft soll auch dem Genuß dieser Schwerkraft dienen. Aber erst wenn der Einfluß von Frauen auf die ›Welt draußen‹ einen gewissen Umfang angenommen hat, ist die Hoffnung begründet, daß günstige Bedingungen für ein Er- und Ausleben der um die Körperschwerkraft gruppierten weiblichen Fähigkeiten geschaffen werden. Die Emanzipation von der Biologie hat nicht nur (nicht mal in erster Linie), aber *auch* diesen Sinn: Frauen eine selbstgewählte, befristete Rückkehr unter die Gesetze ihrer Körper (zum Beispiel die Erfüllung eines Kinderwunsches) zu gestatten. Die Emanzipation von Biologie wäre also auch ein Umweg zur Unterwerfung unter ihr Gesetz - die heute nur dann das von den Konservativen und den romantischen Feministinnen verheißene Glück spendet, wenn sie nicht mehr erzwungen werden kann.

Solange es keine perfekte Verhütung gibt und andererseits die Abtreibung strafrechtlich sanktionierbar bleibt, solange Mutterschaft also erzwungen werden kann, sind Frauen (nur potentiell alle, reell aber zu viele) unmündig - Opfer ihrer biologischen Funktion. Das schwerste Gewicht, das den Körper der Frau zu Boden zieht, ist der Embryo. Erst wenn es der Frau freisteht, sich seiner zu entledigen, steht sie selbst frei.

Das Zentralkomitee der Abtreibungsgegner ist die katholische Kirche. Daß diese Institution mit der Abtreibungsgegnerschaft ihre traditionelle Sexualpolitik konserviert, nämlich Lust exkommunizieren und Zeugung als einzigen Sinn von Sexualität übriglassen will, sagt sie heute nicht mehr laut. Stattdessen verteidigen Abtreibungsgegner ihre Position gewöhnlich mit der Parteinahme für das Ungeborene, sie stürzen sich in eine metaphysische Debatte über den Wert des Lebens an sich. Darauf antworten dann die Befürworter mit einer nicht minder metaphysischen Diskussion über den Beginn des beseelten Lebens (nicht vor dem dritten Monat, nicht vor der Nidation etc.). Oder sie fahren ein paar ablenkende Attacken auf die mangelnde Fürsorge der Konservativen und Klerikalen für das geborene Leben (›Kanonenfutterargument‹). Es muß klar sein, daß Abtreibungsgegnern auf der Ebene ›Parteinahme für das Leben‹ nicht beizukommen ist. Schon die Keimzellen sind etwas Lebendiges und die Zerstörung ihres Vereinigungsprodukts *ist* ein Lebenzerstörender Eingriff. Immanent ist das ›Pro-Vita-Argument‹ nicht zu entkräften. Aber es ist möglich und nötig, die gesamte Argumentationsebene infrage zu stellen, auf das Metaphysische des ›Pro-Vita-Arguments‹ zu verweisen und seine Eignung zur Lösung der Abtreibungsfrage zu bestreiten.

Das Leben, das Abtreibungsgegner - wie beispielsweise der unsägliche Soziologe Norbert Martin[2] - als »unteilbares« zu schützen sich aufwerfen, das embryonale, ist eben doch ›geteilt‹, das heißt, es verfügt nicht über eigene Reproduktionsbedingungen: es ist *parasitär.* Nahezu alle Argumente engagierter Abtreibungsgegner unterschlagen diesen self-evidenten bedeutungsvollen Umstand. Das ungeborene Kind bildet eine physiologische Einheit mit dem Mutterkörper; es ist (im Gegensatz zum Mutterkörper) kein autonomes Leben im biologischem Sinn. Bei allen parasitären Lebensgemeinschaften gibt es Krisensituationen, in denen die weitere Koexistenz von Gast- und Wirtskörper auf dem Spiel steht, also entweder beide ein getrenntes Leben beginnen oder beide zugrunde gehen oder einer von beiden geopfert werden muß. In diesem Sinn ist jedes ungeborene Leben ein abhängiges oder relatives Leben - was die Rechtsanschauungen über seinen Schutz seit jeher beeinflußt hat. Die menschliche Gemeinschaft bzw. unsere Gesellschaft hat sich ihre Regeln geschaffen, Regeln zur Güterabwägung, zur Vermittlung, zur Balance zwischen den ›Parteien‹ der parasitären Gemeinschaft, nach denen im Einzelfall zu verfahren ist. Es geht darum, diese Regeln zu ändern und ihre Form als juristische Regeln womöglich ganz aufzuheben. Es geht nicht darum, ›das Leben‹ zu bejahen oder zu verneinen, einer Tötungshandlung zuzustimmen oder sie zu verurteilen. Die Bewältigung von Krisen zwischen ›Gast- und Wirtskörper‹, Krisen, zu denen die Weigerung eines weiblichen Individuums, seinen Körper als Wirtskörper zur Verfügung zu stellen, heutzutage in erster Linie zu zählen hat, weist eine völlig andere (logische und problemhistorische) Struktur auf als die vergleichsweise abstrakte Frage nach der Legitimität einer Tötung autonomen Lebens. Jene schamlose Propaganda, die insbesondere Kirchenkreise und Rechtskonservative mit der Gleichsetzung von Abtreibung und Genozid angestellt haben, sollte ihrerseits judifiziert werden und zum Straftatbestand aufrücken.

Die Art und Weise, in der unsere Gesellschaft Konflikte zwischen Embryo- und Mutterkörper löst, die ja nach der subjektiven Seite immer Konflikte der Mutter sind, kann ent-rechtlicht, das heißt ganz aus der Sphäre des Strafrechts, in der sie jetzt festsitzt, entlassen werden. Der Staat enthielte sich dann des Urteils und überließe es völlig den Betroffenen, d. h. den Schwangeren, ob sie schwanger bleiben wollen oder nicht. Nichts anderes hat die Frauenbewegung gefordert, als sie die ersatzlose Streichung des § 218 auf ihre Fahnen schrieb. Eine Entrechtlichung der Abtreibung, d. h. Rückgabe der Kontrolle aller Bedingungen von Fortpflanzung an die Bürgerinnen und Bürger, machte die Grundrechte, vor allem den Artikel 2,2 unseres Grundgesetzes, das *Recht auf körperliche Unversehrtheit,* erst wirklich allgemein.

Denn: als die Menschenrechte formuliert wurden, waren, soweit die Körper in Rede standen, männliche Körper gemeint. Das Recht auf körperliche Unversehrtheit hat Frauen nicht mitgemeint. Den Frauen konnte, durch das Abtreibungsverbot bzw. durch das gesellschaftliche Fortpflanzungsgebot, immer wieder körperlich vermittelte Außen- und Fremdbestimmung zugemutet werden, sie hatten keine Wahl - es sei denn die, sich in ihr Schicksal, ihre Naturbestimmung zu fügen. Was waren denn die Aufklärung, die Neuzeit, die Individuierung des Kulturwesens Mensch, wenn nicht Emanzipation vom Schicksal als Naturbestimmung, als Zufall der Geburt, als vorgezeichneter Weg durch jenes ›Tal im Schatten des Todes‹? Es gibt an dieser Stelle des Nachdenkens über das ›Zurückgebliebensein‹ der Frauen im Angesicht der Postulate der modernen Welt (Mobilität, Fungibilität, Rationalität etc., wie kritisch man diese Postulate auch ansehen muß) wirklich nur diesen einen trivialen Punkt, auf den sie alle zulaufen, die Suchschritte nach Gründen für das ›Zurückgebliebensein‹: die Körperschwerkraft. Die Körper der Frauen wurden weiter durchaus gegen den Willen der Individuen geöffnet, aufgetrieben, in Herbergen, Milchbrunnen und Ruhebetten verwandelt[3], als das Recht auf körperliche Unversehrtheit schon in den ersten neuzeitlichen Verfassungen stand und der Bauer vor Gericht ziehen konnte, wenn der Edelmann ihn mit der Peitsche schlug.

»Nun, nun«, sagt jetzt ein diskutierfreudiger Abtreibungsgegner, »schließlich macht es einen Unterschied, ob ich mit einer Reitpeitsche geschlagen werde oder ob eine Frau ein Kind empfängt.« Einen Unterschied inbezug worauf? Wir reden ja jetzt von den Menschenrechten, enger: von unserem bundesdeutschen Grundgesetz, und da heißt es in Artikel 2, 2, daß jeder Mensch ein Recht auf körperliche Unversehrtheit habe. Handelt es sich nicht um eine Verletzung dieses Grundrechts, wenn einer Frau zugemutet wird, sich in eine Schwangerschaft zu fügen und ein Kind zu gebären, das sie nicht gewollt hat? Es gibt auch Lust an der Fortpflanzung - aber die ist kein Automatismus. Wie alle (mögliche) Lust schlägt sie um in ihr extremes Gegenteil: Panik, Ekel, Verzweiflung, wenn der Umstand, der sie hervortreiben kann (hier: Schwangerschaft) im falschen zeitlichen und/oder sozialen Kontext hereinbricht. »Und was ist mit dem Recht des Ungeborenen auf körperliche Unversehrtheit?« Nein, keine metaphysischen Debatten dieser Art (siehe oben). Der Abtreibungsgegner lächelt. Er braucht nicht einmal recht zu behalten - so lebhaft fühlt er, daß der Puls des gesunden Menschenherzens für ihn klopft. »Sie können sagen, was Sie wollen, aber es ist ein Hohn auf die Schöpfung Gottes, Schwangerschaft mit Körperverletzung gleichzustellen.«

Daß die Schöpfung, der Herrgott und sämtliche Insignien einer längst abgestorbenen Ehrfurcht vor ›etwas Höherem‹ herhalten müssen, um die strafrechtlich abgesicherte Unterwerfung der Frauen unter ihre Biologie zu rechtfertigen - *das* ist ein Hohn, auf die Aufklärung ebenso wie auf den Glauben. Das Problem ist heute eins der Grundrechte, der Notwendigkeit für die Frauen, endlich pari zu partizipieren an den (wie immer zwiespältigen) Segnungen der Magna Charta und aller weiteren Errungenschaften, die der Genius jener Zeit hervorgebracht hat.

Er gebar ja mit den Menschenrechten, den persönlichen Freiheitsrechten, auch die Idee der *Gleichheit.* Viele der sozialen und politischen Fortschritte, die wir heute noch als solche ansehen möchten, beziehen sich auf diese Idee als ihr strukturierendes Zentrum. Es gibt keine Antidiskriminierungsbewegung, die das nicht täte. Mit dem § 218 entfiele einer der ältesten und widerständigsten Garanten von Ungleichheit, was die Entwicklungschancen der Individuen als Geschlechtswesen betrifft. Freier wären Frauen als gleiche in diesem doppelten Sinn: Sie könnten sich, wie für Männer längst die Norm, unabhängig von ihren generativen Möglichkeiten beruflich und privat betätigen. Und sie könnten sich schließlich dann, wenn *sie* es wollten, auf ihre generativen Fähigkeiten beziehen, diese Fähigkeiten entwickeln und sich ihrer freuen, d. h. erst die freie Abtreibung machte auch das Kinderkriegen frei.

Dem Abtreibungsgegner scheint es nach wie vor als Zumutung, eine ungewollte Schwangerschaft mit Körperverletzung gleichzusetzen. Er sieht immer noch Gott am Werk - der durch Grundrechte nicht korrigiert werden könne. »Sie können doch einen Mann, der eine Frau schwängert, nicht auf eine Stufe stellen mit einem Mißhandler oder Vergewaltiger.« Das will ich auch nicht, sehe aber selbst, daß mein Bezug auf den Artikel 2,2 diesen Schluß nahelegt. Allerdings nur dann, wenn die Abtreibung strafbar bleibt. Sowie eine Korrekturmöglichkeit in Gestalt der freien Abtreibung in Reichweite läge, verlöre das Problem der ungewollten Schwangerschaft viel von seiner Schärfe. Die Gesellschaft gewährte dann der Frau eine Art Ausgleich für ihre besondere körperliche Verletzbarkeit - wenn auch nur über eine erneute Verletzung, die Abtreibung selbst, die allerdings unvergleichlich weniger tief ›eingreift‹ als eine aufgezwungene Mutterschaft.

Solange die Abtreibung nicht frei ist, ist zwar nicht jeder Mann, der mit einer Frau schläft, ein potentieller Körperverletzer, macht sich jedoch die Gesellschaft der Inkaufnahme einer schweren Diskriminierung schuldig: des (partiellen) Ausschlusses von Frauen aus dem Schutz eines Grundrechts.

Daß die Schwangerschaft ein ›natürlicher Vorgang‹ sei, spricht nicht dagegen, sie im Falle ihrer Unerwünschtheit als Eingriff in die körperliche Integrität zu betrachten. Auch Alter, Tod und Geburtskomplikationen sind ›natürlich‹, dennoch korrigieren wir hier die Natur guten Gewissens, soweit uns das möglich ist. Und daß Frauen selbst beteiligt sind an der Zeugung, quasi Beihilfe leisten zu einer möglichen ›gravierenden‹ Beeinträchtigung ihrer eigenen körperlichen Integrität - das macht es nur noch notwendiger, den § 218 aus der Welt zu schaffen.Der Konflikt zwischen Lustsuche, ›metaphysischer‹ Moral und Angst vor öffentlicher Strafe hat Frauen lange genug an der Entwicklung ihrer Liebesfähigkeit gehindert.

Ein Blick auf die Argumente der Abtreibungsgegner zeigt uns, wie tief die Diskriminierung noch sitzt. Der Verweis auf Gottes Schöpfung, erstens, spricht ganz offen über den geschichtlichen Zeitabschnitt, in dem die Frauen stehen geblieben sind: die Zeit, in der es Götter (als magische Inkarnationen nicht erfaßter, nicht durchdrungener Naturabhängigkeit) noch gab. Solange Gott zitiert werden kann, wenn es darum geht, den § 218 zu rechtfertigen, verbringen auch im 20. Jahrhundert Frauen gewisse Phasen ihres Daseins zwischen Pestilenz und Inquisition. Zweitens: daß in der verfassungsrechtlichen Debatte um die Reform des § 218 allen Ernstes vom (abzuwehrenden) ›Egoismus‹ mancher Frauen, die sich der Mutterschaft entziehen wollen, geredet werden durfte, verweist auf dieselbe Ungleichzeitigkeit. Die Magna Charta Libertatum läutete eine Zeit ein, in der der Egoismus der Individuen als Annahme eines nicht nur vorfindlichen, sondern *legitimen* Verhaltens von der Nationalökonomie bis zum modernen Zivilrecht sämtliche relevanten Codes und Diskurse des neuen bürgerlichen Bewußtseins beeinflußt bzw. sogar untermauert hat. Es handelt sich hier nicht um eine Analogie, sondern um einen *Beweis* dafür, daß Frauen immer wieder gleichsam ins Mittelalter abgedrängt werden, wenn sie auf Gleichheit bestehen. Denn genau jener Egoismus, auf den die §-218-Debatte anspielte, war gemeint, als das Individuum seine persönlichen Rechte einst ideologisch und politisch erstritt: *Das Interesse am persönlichen Wohlergehen* (›pursuit of happiness‹, wie es im revolutionären Amerika hieß).

In älteren Zeiten, dies sei hinzugefügt, hatte die Anbindung der Frauen an ihre biologische Funktion einen gewissen ›Sinn‹ für das Überleben der Gattung. Die Chancen der Nachkommenschaft, Geburt und erste Jahre zu überstehen, waren beschränkt, viele Kinder also ›objektiv‹ erwünscht. Inzwischen haben sich hier die Vorzeichen umgekehrt: Überbevölkerung droht. Insofern ist auch ›objektiv‹ ein undifferenzierter Schutz des menschlichen Keims, der sich, was die Judikative betrifft, aus der kollektiven Erinnerung an jene ›Mangel‹-Zeiten immer noch zu speisen scheint, völlig obsolet.

Drittens: die Konzentration der Diskussion auf das (auszutragende oder abzutreibende) Kind lenkt davon ab, daß schon die (ungewollte) Schwangerschaft als solche einen Zustand von körperlich vermittelter Fremdbestimmung, ja Gefangenschaft bedeutet, der sich nicht verträgt mit den Garantien der Freiheitsrechte. Das nicht gewollte, irgendwann dann aber doch zu gebärende Kind ist ›nur‹ eine Drohung - wenn auch eine sehr ernste - die Schwangerschaft selbst ist ein akutes Phänomen, und im Falle ihrer Unerwünschtheit trägt sie immer Züge einer persönlichen Katastrophe. Die offizielle Debatte um den § 218 sah und sieht hiervon ab, sie fragt nur danach, ob Mutterschaft aufgezwungen werden kann; sie sollte auch danach fragen, ob Schwangerschaft aufgezwungen werden dürfte. Die moderne Legitimität der Forderung nach freier Abtreibung kann, denke ich, nicht allein und vielleicht nicht einmal in erster Linie vom Begründungszusammenhang der sozialen Indikation ausgehen. Zwar sind die langfristigen sozialen, ökonomischen und sonstigen Veränderungen, die Mutterschaft in die Biographie jeder Frau hineinträgt, schwerwiegend genug, um gegen den Willen eines Individuums (das unter dem Schutz der Freiheitsrechte stände) niemals statthaben zu dürfen - sie sind aber nicht der einzige Einwand gegen den § 218, sie stehen im Licht des Rechts auf körperliche Unversehrtheit nicht einmal obenan. Abtreibungsgegner weisen immer wieder darauf hin, daß Kinder, die zuerst nicht gewollt, dann aber doch geboren worden sind, ihren Müttern bald ans Herz wachsen. Dieser erfreuliche Umstand ist das Verdienst der Kinder und nicht des § 218; und das Ex-post-Arrangement mit den Verhältnissen (Mutterschaft) gibt niemand das Recht, Ex-ante-Entscheidungen von Individuen gegen solche Verhältnisse zu ignorieren. In welcher Weise dies immer noch geschieht, zeigt uns Norbert Martin:

»Die Frau ist in der Phase der Schwangerschaft, insbesondere in der ersten Zeit, seelisch-emotional besonders labil. Folgt eine abtreibungswillige Frau in dieser Phase dem ›sanften Zwang‹ eines verantwortungsbewußten Arztes, so zeigt die Erfahrung oft, daß sie später glücklich ist, diesem sanften Zwang gefolgt zu sein, weil sie hinterher das von ihr geborene Kind mit der ganzen Kraft ihrer fraulichen Emotionalität aufnimmt.«[4] Damit die Suggestion solcher Schwindelargumente, die mit der aus der Not geborenen Tugend die Not rechtfertigen, hinfort nicht mehr so leicht verfängt, halte ich es für wichtig, einen Schritt zurück zu gehen und die Frage zu stellen, ob auch nur die ›anderen Umstände‹ als solche aufzwingbar sein, d. h. einer Frau die vorhandenen Korrekturmöglichkeiten vorenthalten werden dürften. Eine Schwangerschaft, die sich - blinde Exekution von Natur - an einem Körper vollzieht, der sich fügen muß, die abgelehnt wird von einem Bewußtsein, das nur eines kennt: den Wunsch nach Wiederherstellung der alten physischen Ich-Grenzen, schon diese Vergiftung des Leibes mit einem unerbittlichen Fruchtbarkeitsprogramm, dessen Umtriebe Blut, Gewebe und Nerven in Aufruhr versetzen und das arme Ich in Scham und Pein, schon diese ungerufene physische Revolte ist, meine ich, nicht zumutbar. Es darf nicht sein, daß Frauen, die ihn nicht wollen, sich in diesen Zustand ihres Körpers länger als für Diagnose und Therapie nötig schicken müssen. Wie ernst sind die persönlichen Freiheitsgarantien zu nehmen, wenn psychophysische Peitschenhiebe wie abgelehnte Gravidität als tolerierbar gelten? Frauen ersuchen um Abtreibung, wenn sie ein Kind nicht wollen, soviel ist richtig. Sie ersuchen aber auch darum, weil und insofern sie *nicht schwanger* sein wollen (abgesehen also von der Perspektive praktischer Mutterschaft). Diese Unterscheidung ist zugegebenermaßen rein theoretisch. Aber sie ist mehr als spitzfindig. Sie hilft mir dabei, das herauszuheben, auf das es mir ankommt: Die Selbstbestimmung der Frau über ihren Körper, und zwar nicht nur unter langfristiger Perspektive (Mutterschaft ja oder nein, Zahl der Kinder etc.), sondern auch über Kurzzeitstrecken, betreffend ihr körperliches So- und Sie-selbst-Sein, hier und jetzt.

Daß die Abtreibung, die endlich ohne Strafrechtskontext möglich sein sollte, selbst wieder eine Versehrung des weiblichen Körpers darstellt, ist ein Einwand, der nicht für den § 218 spricht, sondern noch einmal darauf verweist, wie nötig es ist, den durch seine generative Rolle so vielfach labilisierbaren Körper der Frau dem Einfluß des Strafrechts zu entziehen und ihn endlich ganz und gar dem Willen der weiblichen Individuen zu unterwerfen - mit den Freiheitsrechten gerade bei Frauen also ernst zu machen. Bis jetzt hatte der Gesetzgeber eher die generative Funktion selbst im Auge, *sie* wollte er schützen, zur Not gegen die Individuen. Wir müssen seinen Blick umlenken - auf den weiblichen Körper als in derselben Weise einem autonomen Willen unterworfen wie der männliche. Es geht also um eine Art *Virginisierung des weiblichen Körpers,* soweit Gesetzgebung oder Verfassung mit ihm beschäftigt sind. Die generativen Fähigkeiten der einzelnen Frauen, bzw. deren Aktivierung, haben ebenso Privatsache zu sein wie erotische Präferenzen. Der Gesetzgeber sollte lediglich dafür sorgen, daß Voraussetzungen und Folgen von Sexualität, soweit sie den Körper verändern, von den weiblichen Individuen, von ihren Wünschen, gesteuert werden können. Solange es der ›Natur‹ oder dem lieben Gott gestattet ist, den Frauenkörper *ungefragt* in seine Dienste zu nehmen, ist die Frau unschuldig-unmündig, ist sie kein neuzeitlich-autonomes Individuum.

Die ›männliche‹ Demokratie ist nicht nur deshalb unvollkommen, weil sie die Hälfte der Menschheit aus dem Genuß gewisser persönlicher Freiheitsrechte ausschließt, sondern auch, weil sie (sofern sie Frauen einschließen *will,* und das will sie spätestens heute) einen logischen Grundfehler begangen hat: Allgemein (oder vollkommen) ist eine Rechtsgarantie erst, wenn sie sich an denjenigen Gliedern der zu schützenden Gruppe orientiert, die über die *ungünstigsten* Bedingungen zur Wahrnehmung der Rechtsgarantie verfügen. Eine durch Burggraben und Wehr geschützte Festung gewährt ihren Bewohnern Schutz auch ohne das Grundrecht auf Unverletzlichkeit der

Wohnung - eine Mietskaserne nicht. Die Festung Männerkörper ist so leicht nicht zu verletzen; zu ihrem Schutz reichte ein sehr schlichter Garantiesatz hin. Der offene, fragile, Bedrohungen und Eingriffen durch Mensch und Natur sehr viel direkter ausgesetzte Frauenkörper erfordert einen komplizierteren gesetzlichen Schutzapparat. Als die Magna Charta formuliert wurde, lag es noch außerhalb des Vorstellungsvermögens der ersten bürgerlichen Denker, Kindersegen als etwas Nichtwünschenswertes zu profanisieren, hier setzten Natur und Religion der politischen Spekulation enge Grenzen. Inzwischen haben wir dazugelernt. Die gesellschaftliche Moral und die Präferenzen der Individuen haben sich dramatisch verändert. Frauen betrachten ihre Fortpflanzungsrolle als eine unter vielen, und immer mehr wollen sie nur dann noch spielen, wenn sie nicht mehr müssen.

Die Zeit ist reif für eine Neuformulierung des Grundrechts auf persönliche Unversehrtheit. Und diesmal ist es der Frauenkörper, der Modell stehen muß. Wie schaffen wir es, diesen Körper im Sinne der neuzeitlichen Verfassungen zu schützen, d. h. jeder anderen Instanz außer dem Willen der Frauen selbst eine Verfügung über diesen Körper zu verbieten? Ist dieser Wille erst frei, so wird er, hoffe ich, dem lieben Gott als erstem die Kündigung zustellen, Liebhabern und Kindern jedoch Raum geben, je nach Lust.

Nicht nach Verantwortung? Die Väter der amerikanischen Verfassung haben schon gewußt, was sie taten, als sie jenen Satz vom ›pursuit of happiness‹ prägten. Der Tag, an dem der letzte Richter, Pope oder Politiker sich schämt, einer Frau und ihrem Körper gegenüber das Wort ›Verantwortung‹[5] zu gebrauchen, wird der erste sein, an dem auch Frauen allgemein und legal nach ›happiness‹ streben dürfen. Er ist sicher noch weit weg. Solange der § 218 existiert, wird er nicht anbrechen.

Anmerkungen

1 *›Die Frau ist frei geboren‹*, Texte zur Frauenemanzipation, Bd. I, hrg. v. H. Schröder, München 1979, S. 14

2 in: D. Hofmann (Hg.), *Schwangerschaftsunterbrechung - Aktuelle Überlegungen zur Reform des § 218*, Frankfurt 1974, S. 218

3 Daß ein freiwilliges Der-Schwerkraft-Nachgeben vorkam, oft vielleicht sogar, stellt niemand in Abrede. Es geht hier nicht um Egmonts Klärchen, sondern um Hebbels Klara. Erstere verliert ja nichts, wenn letztere gewinnt.

4 a. a. O., S. 222

5 Wenn wir schon von Verantwortung reden, warum dann nicht zuerst von der gegenüber Kindern, die eben tatsächlich ein Recht darauf haben, erwünscht zu sein.

Verschiedenheit und Gleichheit der Geschlechter

Es lag und liegt in der Logik des Feminismus als einer Selbstbewußtseins-Schule, daß er ›Weiblichkeit‹ kreieren mußte; Frauen sollten ihre eigentümliche weibliche Energie, Intelligenz, Seele und Sexualität besitzen. Da der Feminismus aber auch eine Antidiskriminierungsbewegung war und ist, mußte er sich immer gegen (falsche) Spezifizierungen zur Wehr setzen, also sagen: Was Energie, Intelligenz, Gefühl und Sexualität betrifft, so beanspruchen wir gleiche Rechte, weil wir im wesentlichen über gleiche Potenzen verfügen. Wie nun? Ist das weibliche Geschlecht ›anders‹ oder ist es ›gleich‹? Es ist gleich und doch auch anders als das männliche - aber auf andere Weise, als es die patriarchalischen Zuordnungen wollen. Vielleicht ist ja auch das männliche Geschlecht anders, als es weiß, und hoffentlich bald nicht mehr gleicher als das weibliche; jedenfalls, sofern das weibliche für es immer negativer Spiegel seiner Selbstdefinitionen ist, wird es in gleicher Weise anders werden wie das weibliche - das sich ja lebhaft verändert, um endlich sich selbst zu gleichen.

Als politische, soziale und kulturelle Bewegung hat es der Feminismus schwer, mit dem Zugleich von Identität und Polarität zurechtzukommen. Wir müssen immer beides tun: Auf Gleichheit pochen und die Verschiedenheit betonen, auf der Identität bestehen und in der Polarität unseren Platz behaupten. Wenn wir z. B. gleiche Rechte fordern - als Wählerinnen, so fing es einmal an; als Auszubildende, so ging es weiter, als Berufstätige, darum geht es, unter anderem, heute - wenn wir gleiche Rechte fordern, so unterstellen wir, daß unsere Fähigkeiten, politisch zu entscheiden, eine Qualifikation zu erwerben, einen Beruf auszuüben usw., denen der Männer gleich seien. Wie heißt es so schön in einem neuen Kinderlied: »Mädchen sind genauso frech wie Jungen, genauso mutig, genauso stark usw.«.

Andererseits ist die feministische Kritik dazu genötigt, die Differenz zu wahren, bzw. überhaupt erst herzustellen. Wir wollen und sollen sie nicht noch als solche bestätigen, die aggressiv-konkurrente Männerwelt. Gleiche Rechte - weibliche Utopien: Beide Griffe dieser dialektischen Klammer sollen zufassen; wo einer versagt, wird's entweder affirmativ oder eskapistisch.

Die Frauenbewegung begann, glaube ich, mit dem ersten kritischen Griff, mit dem Zugriff auf die männlichen Domänen Beruf und Öffentlichkeit; im einzelnen, der Schicht entsprechend, aus der die Trägerinnen der Bewegung herstammten, auf Qualifikationen in Politik, Wissenschaft, Kunst usf. Das heißt, das Postulat des Anfangs hieß: Gleichheit. Diese alte bürgerliche Revolutionsparole, die ihre Würde hat und ihre Crux, begleitet die Frauenbewegung, seit diese vor etwa hundert Jahren (erneut) anhob, in ihr und durch sie werden praktisch die bürgerlichen Freiheiten für die Frauen nachgefordert. Die Menschenrechte, so viel ist inzwischen klar, waren Männerrechte, sie bezogen die weibliche Lebenswelt nicht mit ein, und wir arbeiten nun, seit hundert Jahren, an einer Generalisierung der Menschenrechte bzw. an der Erlangung des ›Status Mensch‹ für uns als Frauen. Und da fängt das Problem an: Wollen wir eigentlich ›Menschen‹ sein? Ist dieser durch die patriarchalische Geschichte geprägte und damit beeinträchtigte ›Status‹ für uns brauchbar, erstrebbar? Immerhin hat der männliche Mensch, hat also die - als männlich dominierte auch männlich definierte - Menschheit sich in der geschichtlichen Zeit entwickelt auf Kosten ihres weiblichen Teils, unter Opferung der Entwicklung dieses Teils, hat also menschliche Entwicklung, hat Kultivierung zuwegebringen können unter Bedingungen oder auf Basis einer quasi-natürlichen Ausgrenzung und Verachtung eines Teils ihrer selbst. Da gibt es ein sehr schlichtes und deshalb auch eindringliches Statement von Simone de Beauvoir, in dem sie mittels einer Analogie veranschaulicht, um was für ein Skandalon es sich bei der jahrtausendealten Entrechtung der Frauen handelt: ›Unsere Begeisterung für die antiken Demokratien‹, schreibt Beauvoir sinngemäß, ›kühlt rasch ab, wenn wir uns klar machen, daß sie sozialökonomisch auf Sklaverei gründeten. Was sollen wir noch von allen sozialen und ökonomischen Fortschritten der Moderne halten, wenn wir daran denken, daß diese Fortschritte nicht eigentlich für die Frauen galten und daß sich niemand darüber Rechenschaft abgelegt hat - ganz wie in der Antike die Freien über den Preis ihrer Freiheit nicht nachdachten?‹ - Also gut, der Atem, den wir schöpfen, um das Gleichheitspostulat vorzutragen, stockt uns, weil wir uns fragen müssen: Wollen wir diese Gleichheit denn?

Aber wir tragen das Postulat vor.

Die Auflösung des Problems liegt wohl darin, daß wir, indem wir Gleichheit fordern, erstreiten und schließlich erlangen, die Bedingungen ändern, unter denen ›die Menschen‹, also jetzt: Männer *und Frauen*, als dann gleichberechtigte, ihre Rechte genießen.

Was ich unterstreichen möchte, ist, daß jenes Atemstocken - bildlich gesprochen - einen wichtigen Zweck erfüllt: In diesem Moment des Zögerns, in dieser Zeitspanne des Nachdenkens vollzieht sich so etwas wie ein Herstellungsprozeß weiblichen Selbstbewußtseins. Eines Selbstbewußtseins, das in der Gleichheitsforderung nicht aufgeht, das abgrenzt und unterscheidet, das die patriarchalische Geschichte also kritisiert. Für's erste wäre diese Herstellung weiblichen Selbstbewußtseins ein negativer Akt: sie geschieht, indem sie zurückweist. Wir wissen alle, daß der Frauenbewegung diese Geste des Zurückweisens nicht genügt hat und daß sie seit längerem an einer Positivierung ihres Selbstbewußtseins, an einer Auffüllung des scheinbar leeren Raums der Geschichte der Weiblichkeit arbeitet: Es ist eine Geschichte der Beraubung und der Ausgrenzung, aber es wäre gar keine Geschichte, wenn in ihr nicht auch etwas Positives *geschehen* wäre, wenn es nicht auch etwas zu berichten gäbe darüber, was Frauen in den letzten 2000 Jahren wirklich *getan* haben. Dieses schwierige Stück Archäologie, Stück Ausgrabung zur Freilegung eines historischen Raumes, der Weiblichkeit heißen könnte, beschäftigt eine Reihe von Köpfen in der Frauenbewegung. Manchmal ist da der Wunsch nach einer positiven Geschichte die Mutter großer Gedankenflüge in matriarchalische Ur- und Frühzeiten; nach und nach wird sich zeigen, welche Forschungsergebnissen wir trauen dürfen und welchen nicht. (Daß Wünsche an der Wiege von Forschungsprojekten stehen, Wünsche, die die Resultate in gewisser Weise vorwegnehmen, ist - dies nebenbei - der Normalfall.)

Das Atemstocken, das die Absicht, eine Gleichheitsforderung aufzustellen, an der raschen Ausführung hindert, das diese Ausführung erst dann erlaubt, wenn verschiedene Programme zur Beantwortung der Fragen nach den Grenzen der Wünschbarkeit von Gleichheit aufgestellt worden sind, dieses Atemstocken sorgt gewissermaßen für jene ›Veränderung von Bedingungen‹, die ich oben erwähnte, sorgt also dafür, daß das Gleichheitspostulat nicht unkritisch aufgestellt wird. Daß die Frauen, indem sie ›gleich‹ werden, auch ›anders‹ bleiben.

Es ist immer wieder festgestellt und gelegentlich auch bedauert worden, daß die Frauenbewegung ›in zwei Teile zerfalle‹ - in einen mehr politisch orientierten, der das alte Emanzipationsprogramm geerbt habe, auf Chancengleichheit aus sei und pragmatische Lösungen favorisiere *und* in einen um kulturhistorische Identitätssuche bemühten, dem Gleichheit nicht genüge, dem es gerade um das Besondere, das ›Weibliche‹ gehe und dem an kurzfristigen Erfolgen nicht so viel liege. Je nach Standort wurde dann polemisiert: Die ehrgeizigen Emanzen seien nichts als Karrierefrauen, sie muteten ihresgleichen zu, in einer männlich bestimmten, unersprießlichen Konkurrenz ihre besseren Anlagen zu vergeuden bzw. umgekehrt: Frauen, die sich gerade um Weiblichkeit als Spezifikum bemühten, verfielen einem reaktionären Obskurantismus, der es den Sexisten leicht mache, die Sache der Frauen insgesamt abzuqualifizieren. So oder so ähnlich schwelt der Streit auch jetzt vor sich hin - was soll man zu ihm sagen?

Es widerstrebt mir, auf den Streit zu schimpfen. Es *scheint* vernünftig zu sein, die ganze Kontroverse wie einen Schuß in den Ofen zu behandeln: wir brauchten nun mal beide Zugriffe, den pragmatischen und den utopischen, den politischen und den ästhetischen, den, der auf Gleichheit und den, der auf Verschiedenheit bestehe. Schließlich handele es sich bei der Struktur oder der Technik der feministischen Kritik um eine ›dialektische Klammer‹. Aber offensichtlich gehören zu dieser Klammer nicht nur die zwei Arme, die zwei ›Griffe‹ selbst, sondern auch eine gewisse polemische Spannung zwischen beiden. Die Forderung nach Frieden zwischen den Armen der Klammer hat ihr Vergebliches: Interne Fehde kann die Nahrung sein, die die Kritik hart macht. Die Fehde klärt und konturiert die Positionen und das Niveau der Kritik, also auch der Arbeit, der Beschaffenheit der jeweiligen Zugriffe. Eine Integration der beiden Arme könnte, wenn es gut geht, durch das zustandekommen, was wir Praxis nennen.

Die Nötigung, stets Gleichheit und Verschiedenheit der Geschlechter in einem zu denken, hat Konsequenzen nicht nur für die Methode der feministischen Kritik, sondern auch für die feministische Programmatik. Nehmen wir das Wort ›Gleichberechtigung‹. Es impliziert, als Forderung, daß die Gruppe, die da gleiche Rechte einklagt, auch gleiche Pflichten auf sich zu nehmen gewillt, also dieselben Aufgaben zu erfüllen bereit ist wie die bisher privilegierte. Wie sieht es in der Praxis aus? Können Frauen wirklich in allen oder nahezu allen Bereichen der sogenannten menschlichen Praxis dasselbe leisten wie Männer? Daß es um diese altehrwürdige Preis- und Streitfrage allmählich immer stiller wird, spricht, behaupte ich, dafür, daß sie entschieden ist: Ja, Frauen können wirklich dasselbe wie Männer. Mädchen können wirklich genauso frech sein wie Jungen. Das Beunruhigende ist: Sie sind es nicht. Wenn wir nach dem

›warum‹ fragen, kommen wir natürlich auf die gesellschaftlichen Bedingungen, die, angefangen mit der Erziehung der kleinen Mädchen bis hin zum Rentenbetrug an den Frauen, die *nur* Kinder groß gezogen haben, immer noch weit von wirklicher Egalität entfernt sind. Indessen scheinen die Spielräume zur Entwicklung von Mädchenfrechheit bzw. weiblichen Karrieren doch weiter als man annehmen sollte, wenn man das bescheidene Ausmaß betrachtet, in dem Frauen öffentlich auffallen. Wenn wir die große Zahl betrachten, so finden wir, meine ich, den Grund für die weibliche Zurückhaltung in jener Potenz, die der Auseinanderentwicklung der Geschlechter in zwei verschiedene Lebenswelten als eine wichtige Ursache zugrundeliegt: der Gebärfähigkeit der Frauen. Wir stoßen wieder auf die Biologie. Oder: Die Emanzipation ›der Menschheit‹, wenn wir sie kühn als ganze nehmen, von der Natur, ist Schein.

Frauen können nicht nur dasselbe wie Männer, sie können mehr. Dieses ›mehr‹ macht, daß sie weniger können. Bevor ich selbst ein Kind hatte, wußte ich nicht, wie schwer es ist, neben dem Mit-Kind-Leben nocht so etwas wie Berufstätigkeit aufrecht zu erhalten. Es ist möglich, aber es ist - hier und heute - ungeheuer schwer. Die Tatsache, daß es viele kinderlose Frauen gibt, die es vorziehen, sich im Haus zu verstecken, anstatt irgendetwas Vernünftiges zu tun oder gar Feministin zu werden, spricht, glaube ich, nicht gegen meine These: Der enorme Rückstand an Wagemut, hinauszugehen und in Öffentlichkeit und Beruf die Konkurrenz mit den Männern aufzunehmen, den wir auf der Seite der Frauen verzeichnen müssen, hat eine tiefe Wurzel in der sozialen und psychophysischen Beanspruchung, die Mutterschaft mit sich bringt und die wie ein Sog auf die weibliche Vita wirkt: Sie neigt dazu, die ganze Frau zu schlucken.

Wir sehen also, daß sich die Forderung nach Gleichberechtigung an einer real existierenden biologischen Ungleichheit bricht. Die Konsequenz, die Shulamith Firestone aus diesem Stand der Dinge gezogen hat, lautet: Kinder aus dem Reagenzglas, bitte. Sie ist absolut logisch, aber nicht mehr als das. Mir gefiele eine Folgerung besser, die auch noch historisch wäre. Wenn wir uns ansehen, wie wenig die Biologie die Gattung Mensch in die von ihr vorgesehenen Grenzen zwingen konnte, bin ich optimistisch. Obwohl wir biologisch nicht dazu ausgerüstet sind, erheben wir uns in die Lüfte, tauchen in die Tiefsee usw. Ich sehe nicht ein, warum es der Menschheit nicht möglich sein sollte, Wege zu finden, Frauen aus der Dauer- und Exklusivzuständigkeit für ihre Kinder zu entlassen, ohne ihnen das, was sie da ›mehr‹ können, das Gebären, wegzunehmen, ohne sie in ihrer biologischen Potenz zu beeinträchtigen. Das heißt, die sozialen Folgen der Ungleichheit in den generativen Funktionen müßten beseitigt werden. Es muß nur jemand Phantasie und Initiative in diese Probleme investieren. Männer werden es nicht tun, weil sie mit der Vaterschaft als Nebenrolle in ihrem Leben ganz gut zurechtkommen. Hier also haben Frauen eine hervorragende Chance, ihre sozialinnovativen Fähigkeiten zu beweisen. Ich weiß, daß Feministinnen seit langem an Initiativen zur Abschaffung des § 218 und an Modellen zur Entlastung von Müttern arbeiten, aber es geschieht immer noch nicht genug. Wenn Gleichberechtigung wirklich die Fähigkeit zur Gleichverpflichtung voraussetzt, so müssen die Konsequenzen der biologischen Ungleichheit gleichsam abgefangen und neu (gleich) auf die Geschlechter verteilt werden - sonst bleibt die Gleichheit praktisch ein schöner Spruch.

Wirkliche Ungleichheit zwischen den Geschlechtern gibt es imgrunde nur in bezug auf ihre Anatomie, also die Sexualität, die generative Bestimmung und deren psychische Reflexe - alles andere ist offen, offen für Gleichheit. Und auch in der Sexualität kann die Polarität mehr als nur Komplementarität sein; ich habe die Vermutung, daß Eros Metamorphosen liebt und daß es in seinem Zeichen letzten oder vorletzten Endes nie ganz ausgemacht ist, wes Geschlechts ein Individuum ist. Ich komme darauf zurück.

Die biologische Grundverschiedenheit der Geschlechter zählt eigentlich nur da, wo sie auch einen Sinn erfüllt, beispielsweise beim Geschlechtsakt. Aber sie zählt praktisch eben doch viel mehr. Sie beeinflußt mit ihrer Wichtigtuerei das gesamte soziale Leben und färbt und stört es auch da, wo die Beteiligten glauben, ganz von ihr abzusehen. Das Geschlecht eines Individuums ist die allererste Information, die es uns gibt, wenn wir es kennenlernen, und es ist manchmal auch die letzte - wenn das Individuum weiblich ist. Ist es männlich, tritt diese Information eher zurück hinter einer Vielzahl weiterer. Bei Frauen ist das Geschlecht zentral, bei Männern ein Merkmal unter anderen. Diese Asymmetrie geht auf die männliche Sichtweise zurück, die keine gerade Achse anlegen kann. Wenn Männer an Frauen denken, denken sie an das eine, d. h. sie interessieren sich für sie als Geschlechtswesen; in allen übrigen Belangen rechnen sie (im wesentlichen jedenfalls) mit ihresgleichen. Da die Blicke der Herrschenden die herrschenden Blicke sind, also auch Frauen in dieser schiefen Weise gucken und in Frauen die sexuellen und in Männern die vielseitigen Wesen sehen, bleibt die Asymmetrie kaum auf besondere Gelegenheiten beschränkt. So kommt es, daß die Information, die wir Frauen als Geschlechtswesen vor uns hertragen, sich lauter ausspricht als bei den Männern, daß sie das, was wir vielleicht sonst noch zu sagen hätten, gleichsam totredet. Frauen haben normalerweise keine Möglichkeit, ihr Frau-Sein mal für eine Weile zu verbergen oder zu vergessen, um einfach so am Leben teilzuhaben. Männer kennen dieses Problem nicht. In der Männerwelt ist die Information, die sie durch ihr Geschlecht der übrigen Welt geben, sozusagen unanstößig. Wenn sie nicht gerade auf Freiersfüßen gehen oder in eine Frauenkneipe Einlaß begehren, brauchen sie nicht zu befürchten, daß jene erste Information als die einzige, die an ihnen interessant ist, alles, was sonst noch in ihnen steckt, zur Nebensache macht. Frauen, die erstmal nur Frauen, dann eine Weile gar nichts, und dann wieder nur Frauen sein sollen, müssen irgendwann wünschen, sie wären nicht als Frauen kenntlich. Was nicht heißen soll, daß sie Männer sein wollen. Sondern einfach nur, daß das verdammte Geschlecht mal keine Rolle spielt - damit das, was sonst noch in ihnen steckt, sich regen kann.

Der Imperialismus des Geschlechtlichen, der Frauen gleichsam an ihren Unterleib schmiedet, hat die Tendenz, die Differenzierungen des Individuellen zu verwischen, das heißt der kleine Unterschied übertönt die feinen Unterschiede. Die Tatsache, daß die Geschlechterpolarität immer und überall wie ein zu laut eingestellter basso continuo über die soziale Interaktionsmusik hinwegdröhnt, macht uns als weibliche Individuen ärmer, als wir zu sein brauchten. Unsere persönlichen Eigenarten und Fähigkeiten zählen nur im Lichte des Geschlechts, und damit zählen sie zu wenig. Da das Wahrgenommenwerden von Eigenarten und Fähigkeiten über ihre Entwicklungschancen mitbestimmt, müssen wir vermuten, daß vieles an Möglichkeiten in den einzelnen Frauen deshalb nicht heranreift, weil Frauen mit ihrem Geschlecht überidentifiziert werden. Hier nun hat die Frauenbewegung wirklich etwas geleistet. Sie hat Foren geschaffen, auf denen Frauen es lernen konnten, ›andere‹ Blicke auf ihresgleichen zu werfen, differenzierende Blicke, Blicke, die die herrschende Verengung des Winkels verweigerten. Ich rede von den Orten und Veranstaltungen, zu denen Männer nicht zugelassen waren. Hier konnten Frauen einander wahrnehmen als Lehrerin, Krankenschwester oder Wissenschaftlerin, als sensibles, bedächtiges oder stürmisches Individuum, als kleine, dicke oder lange Frau usw. und *nicht* (was in einem Frauenzentrum schon logisch unsinnig wäre) erstmal und für lange Zeit nur *als Frau*, als *Nicht-Mann*. Auf einem Frauenkongreß oder zu sonst einem Anlaß, der nur Frauen zusammenführt, können wir herumlaufen, ohne aufzufallen bzw.: Können wir auffallen mal durch etwas anderes als in erster Linie durch unser Geschlecht. Wissen Männer eigentlich, wie kränkend es ist, durch das Geschlecht aufzufallen, durch ein Merkmal also, das jedes Individuum mit je der *Hälfte der Menschheit* teilt? (Natürlich ist es nicht immer kränkend, es kann auch eine wahre Wonne sein, aber diese Seite der Dialektik gehört nicht in diesen Zusammenhang.)

Eine Überidentifikation mit dem Geschlecht erschwert, sagte ich, die Wahrnehmung und Selbstwahrnehmung und damit auch Entwicklung individueller Eigenschaften und Fähigkeiten - aber es gibt natürlich in der Wirklichkeit keine Individualität außerhalb des Geschlechts. Die Abstraktion vom Geschlecht findet nur in Gedanken statt - sie ist nötig, um *der* Abstraktion von der Persönlichkeit, soweit sie *nicht* im Geschlecht aufgeht, die die Männer keineswegs nur in Gedanken mit den Frauen vornehmen, kritisch zu begegnen. Der Ausschluß von Männern aus Frauenzentren etc. war dazu ein erster Schritt. Wir mußten Situationen herstellen, in denen die Reduktion auf das Geschlecht nicht mehr stattfinden konnte, indem wir die Redukteure abschoben. Hier zeigt sich die Dialektik der feministischen Kritik auf eine sehr klare Weise: Der von vielen kritisierte Rückzug der Frauen auf Frauen, eine Bewegung, die das Geschlecht zum Kriterium der Zugehörigkeit machte, es also erstmal überbewertete, hatte den Sinn, das Geschlecht als überwältigendes Persönlichkeitsmerkmal gerade zurückzudrängen.

Und wie ist es nun mit der Verschiedenheit und Gleichheit im Geschlechtlichen selbst, im Sex? Hebt sich hier wenigstens die Asymmetrie wieder auf? Beileibe nicht. Die einzige direkte Kommunikationsbrücke, die zwischen den Geschlechtern existiert, die des Geschlechtlichen selbst, ist ein ziemlich wackeliges Ding - sie bedeutet ja in beider Lebenswelten etwas je sehr Verschiedenes. Die Geschlechter wiederholen in einem gewissen Sinn den Turmbau zu Babel: Sie verstehen einander nicht, weil sie verschiedene Sprachen sprechen, verstehen einander auch da nicht, wo das eine für das andere gemacht ist. Auch da, wo sie dieselbe Sprache, die des Geschlechts oder der Geschlechterliebe sprechen sollten, reden sie aneinander vorbei, weil sie außerhalb dieses Bereichs zu wenige Erfahrungen teilen. Die Liebe hat ja einen totalitären Impuls: Sie will immer von mehr reden als nur von sich. Heutzutage, wo sich die Erfahrungen, die beide Geschlechter in allen möglichen Belangen machen, immer mehr einander angleichen, zeigt sich, wie groß die Macht der Vergangenheit ist: Die Mißverständnisse während der Umarmungen nehmen nicht ab oder werden vielleicht jetzt erst in ihrem ganzen Ausmaß klar. Die einzige Sprache, die beide gemeinsam sprechen, trägt nicht, weil beide mit den gleichen Worten Verschiedenes meinen, weil beide Betonungen und Pausen, Anspielungen und Doppeldeutigkeiten verschieden auslegen. Daß das *überlegene* Geschlecht außer dieser einen gemeinsamen Sprache, die eben nur scheinbar eine gemeinsame ist, noch eine große Anzahl weiterer Diskurse beherrscht, von denen das *unterlegene* Geschlecht ausgeschlossen ist, macht die Situation so vertrackt. Für die Männer, die ihren Ehrgeiz, ihr Leistungsvermögen, ihre Libido, ganz einfach: ihre Lebens- und Ausdruckslust auf den verschiedenen Feldern erproben können, ist der Bereich des Geschlechtlichen nebengeordnet - wenn sie nicht gerade Erotomanen sind. Sie haben deshalb eine weniger starke Bindung, einen weniger starken Respekt vor diesem Diskurs, und deshalb macht ihnen die Grobheit, die Indiskretion, auch die Falschheit (im Sinne von ›schief‹) und die Zote nichts aus. Schließlich müssen sie diejenigen, mit denen sie da qua Geschlechtswesen kommunizieren, auch nicht allzu hoch schätzen: Da sie, die Frauen, *weniger* Sprachen sprechen und da die des Geschlechts, die sie (fast) nur mit ihnen, den Männern, zu sprechen vermögen, ihre differenzierteste Sprache zu sein scheint, müssen die Männer ihre Anredepartnerinnen im Bereich der Sexualität und Fortpflanzung als eigens für diesen Bereich und als für sie höchstpersönlich geschaffen empfinden. Und entsprechend gönnerhaft oder offen brutal auf sie reagieren. »Der Affekt, der zur Praxis der Unterdrückung paßt, ist Verachtung, nicht Verehrung«, schrieb Adorno in Antwort auf das verlogene bürgerliche Gebot, die Männer sollten die Frauen ehren.

Uns Frauen nun ist in der Tat die Sprache des Geschlechts als unsere Hauptsprache überliefert worden - in den meisten anderen Diskursen ist uns nur beiläufiges Partizipieren, sozusagen ein Kiebitzen, selten wirkliche Beherrschung oder gar Meisterschaft vergönnt. Was wunder, daß viele von uns den Diskurs, den sie als Geschlechtswesen führen dürfen und sollen, überfrachten mit Erwartungen, ihm zwar einen angemessenen Respekt zollen, ihn andrerseits, weil er (fast) ihr einziger ist, überbewerten müssen. So kommt es denn, durch die Verschiedenartigkeit der Ansprüche, die beide Geschlechter an die Sexualität, die Liebe, das Kinderzeugen und -aufziehen usw. (an die Geschlechtsexistenz im weitesten Sinn) stellen, zu keiner wirklichen Verständigung zwischen ihnen. Das ist die ironische Schlußfolgerung: In der einzigen Sprache, die wirklich *beide* Geschlechter sprechen, verstehen sie einander nicht, *weil* sie die *einzige* ist, die beide sprechen.

Sprächen die Frauen geläufig genauso viele Sprachen wie die Männer, d. h. hätten sie sich von ihrer Reduktion auf das Geschlechtswesen wirklich und ganz erholt, will sagen emanzipiert, dann könnten sich beide Geschlechter in der Sprache der Sexualität auch (wieder) verstehen - weil diese Sprache in beider Leben nur *eine* unter mehreren wäre und deshalb von beiden Geschlechtern mit dem selben relativen Engagement gesprochen werden könnte. Es hinge nicht mehr für das eine alles oder doch zuviel davon ab und für das andere nur einiges - was den Diskurs verzerrt, die Stimmen auf unterschiedlichen Frequenzen schwingen läßt und damit zu jener Babelsituation führt, in der beide einander nur noch in das Unglück des ›Sich-nicht-Verstehens‹ stürzen.

Ich habe zugespitzt - unsere Realität ist ja längst nicht mehr so streng in der gegeneinander abgeschlossenen Organisierung von je männlicher und weiblicher Welt; heute steigen Frauen in den Weltraum auf und Männer putzen die Küche. Aber gegen diese erfreulich sich von den Rändern in die sozialen Zentren vorarbeitenden Veränderungen steht die alte Grundtendenz, die immer noch bestimmend wirkt.

Es gibt nun ein konservatives Argument oder vielmehr eine konservative Dreinrede gegen die Auswirkungen des Gleichheitspostulats auf die Erotik: Wenn Frauen wirklich volle Gleichheit erlangten, dann ginge das Geheimnis der Liebe zugrunde, man sehe sie ja schon, die Auswirkungen der Frauenbewegung und der Jugendrevolte: Vertreibung des Mystischen und Einzug des Sportgeists in die Sexualität und die Liebe. Ja, in bezug auf das Desiderat, daß Sexualität und Liebe, daß das Feld, auf dem die Geschlechter ihre Verschiedenheit spielen und ausspielen, von Durchrationalisierung verschont bleiben solle, damit es überhaupt überlebe, bin ich mit jedem Konservativen einig. Ich sehe nur die Gründe für die beklagte Entwicklung woanders. Es ist nicht die Gleichheitsforderung bzw. der erste Schritt zu ihrer Einlösung, der die Sprache der Liebe und der Lust zum Jargon macht, sondern es ist ein Mangel an Gleichheit zwischen den Geschlechtern, der auf den Jargon als Notsprache, auf den Sportsgeist als Surrogat für Gleichheit zurückgreifen läßt.

Lassen wir mal die Männer beiseite. Für die Frauen gilt: Erst wenn sie nicht mehr gezwungen sind, sich auf die Geschlechtsexistenz (im weitesten Sinne) als ›Hauptaufgabe‹ zurückzuziehen, können sie die Möglichkeiten und Reize dieser Existenz entdecken und eine Sprache für sie finden, die nicht mehr durch Angst entstellt ist. Um die Erotik geheimnisvoll zu finden, darf man nicht in einem unfreiwilligen Leibeigenschaftsverhältnis zu ihr stehen. Die Sentimentalisierung der Liebe und die Dämonisierung des Sexus sind männliche Leistungen, hatten doch Männer immer die Möglichkeit, sich aus gebührender äußerer wie innerer Distanz an diese Zauberkreise heranzupirschen. Was riskieren sie schon, wenn sie sich mal ein bißchen fesseln lassen. Frauen hatten keine Wahl (bzw. sehr viel beschränktere Wahlmöglichkeiten), sie waren von vornherein verstrickt in das Liebestheater. Deshalb liegt ihnen eine Mystifizierung der Geschlechtsexistenz, die ihr Alltag ist, fern. Eine ›freiwillige‹ Mystifikation, d. h. ein Widerstand gegen Sportsgeist und Jargon, ist nur zu erwarten, wenn auch Frauen endlich *wählen* können, ob überhaupt und wenn ja, wann, wie, mit wem, wie lange usw. das Geschlechtliche in ihrem Leben eine Rolle spielen soll.

Das heißt, nur über ihre - in bezug auf die Schicksale der Frauen - *Vernebensächlichung* kann die Beziehung der Geschlechter im Zeichen ihrer ›Grundverschiedenheit‹ den Charakter einer *Hauptsache* oder einer ›großen Sache‹ gewinnen.

›Im Zeichen ihrer Grundverschiedenheit‹ - kaum habe ich das gesagt, merke ich, wie ergänzungsbedürftig diese Formulierung ist. Die Grundverschiedenheit oder die nicht aufhebbare Ungleichheit der Geschlechter in der Anatomie hat auch ihr Scheinhaftes, ihr Ideologisches: Gerade im Sexualakt, der ja mit einem altfränkischen Wort auch ›Vereinigung‹ genannt wird, gibt es mancherlei Aspekte, die die Verschiedenheit gerade wieder aufheben oder einschmelzen: zum Beispiel in den Augenblicken des Lustfindens, in dem beide Geschlechter auf analoge oder vielleicht sogar identische Weise Beute von etwas Drittem sind: eines nicht mehr rational einholbaren Zustands des Außer-sich-Seins; oder in den mannigfachen Variationen, denen der Akt unterworfen werden kann und deren Organisationsprinzip immer dies zu sein scheint: Tausch der Rollen. Kurz und gut, als ich oben davon sprach, Eros liebe Metamorphosen und es sei in seinem Zeichen nie ganz ausgemacht, wes Geschlechts ein Individuum nun sei, da wollte ich darauf hinaus, daß sogar die natürliche, die biologische Polarität der Geschlechter etwas Relatives, etwas zur Verflüssigung Aufforderndes an sich hat; daß sogar in Situationen, die so völlig von Ungleichheit strukturiert sind wie der Geschlechtsakt, eine Tendenz zur Aufhebung dieser Ungleichheit wirksam ist. Vielleicht kann man so sagen: Selbst *die* Verschiedenheit, die als Polarität von der Natur vorgegeben ist, hat nichts Determinierendes, denn die Geschlechter können - in gewissen Grenzen - ihre Rollen tauschen. (Diese Feststellung ist wichtig besonders für den generativen Bereich, d. h. die lästige ideologisch begründete Festlegung der Frauen auf die Kinderpflege etc.)

Wenn das soziale Leben in seinen Basisorganisationen Liebes- und Familienleben nicht mehr in Fixierungen an eine Ideologie polarer

Begabungen der Geschlechter eingeschnürt ist, können ganz andere Polaritäten, Unterschiede und Differenzierungen eine größere Rolle spielen: die des *Individuellen* als geschlechtsunabhängiger Persönlichkeitsbilder. In diesen jenseits der biologischen Geschlechtszugehörigkeit zu entfaltenden individuellen Eigentümlichkeiten schlummert übrigens ein großer Teil unserer erotischen Potenzen. Die könnten, erweckt, vielleicht das Geheimnis der Geschlechterliebe hüten helfen, um dessen Preisgabe heute so viele besorgt sind.

Jedenfalls: die soziale Ungleichheit zwischen den Geschlechtern, jene, die die Entwicklungschancen von Individualität betrifft, ist der größte Unterschied zwischen ihnen. Alle anderen (biologischen) sind dagegen zweitrangig. Der stärkste Nachdruck also liegt, meine ich, in der feministischen Kritik immer noch auf *der* Seite der dialektischen Klammer, die Gleichheit fordert.

Das Phantom ›weibliche Sexualität‹

Mit Stolz wies die Frauenbewegung nach ihren ersten Jahren einen ganz besonderen Entwurf vor: den der *weiblichen Sexualität.* Sie zählt ihn zu ihren intimen Personalpapieren, er ist ihr Paß zur Autonomie. Kompiliert aus Umfrageergebnissen, Psychoanalysekritik, Bekenntnissen und Träumen umreißt dieser Entwurf den noch unbekannten, zu befreienden weiblichen Trieb. Der Verweis auf ihn entwertet jeden Versuch der Männerwelt, den Feminismus zum Kompromiß zu überreden. Frauen empfänden anders. Ihre enorme Potenz - von der männlichen Psychoanalyse ignoriert, in der Praxis der Ehe erdrückt, durch Mutterschaft abgelenkt, in der Literatur durch sentimentale Überhöhung oder angstgeleitete Dämonisierung gleichermaßen entwürdigt - sei gerade erst am Anfang ihrer historischen Entfaltung. Ozeanischer Lustfluten, unendlicher Orgasmen, weicher und stürmischer Zärtlichkeitswellen sei die Frau fähig, uferloser Räusche, gegen die der männliche Sex mit seiner simplen Mechanik von Erregung, Explosion und Entspannung wie eine einzige Kontraindikation wirkt.

Die Männer, soweit diese implizite Kündigung der Bettgenossenschaft sie erreichte, reagierten deprimiert und beeindruckt: Kaum eine männliche Einlassung zum Thema, die dieser Trumpfkarte des Feminismus nicht den Stich überließe. Man versuchte vorsichtshalber, sich anzupassen. Die Gestalt, die aus diesem Prozeß hervorging, war der *Softie* mit den, wie es in der ›Titanic‹ einmal hieß, ›vom vielen Streicheln aufgeweichten Händen‹.

Inzwischen ist der Softie out. Der feministische Entwurf aber ist nicht vom Tisch. Er geistert durch die Liebeslandschaft wie ein ewiger Joker: Was du auch tust, Junge, du machst es falsch. Viriles Gehabe ist lächerlich, Aggression tabu, Einfühlung unmöglich. War sie je eine Sphinx, die Frau als Liebhaberin, rätselvoll, zeitlos, unbefriedigbar und sehnsuchterweckend, so ist sie es heute in ihrer feministischen Anspruchsfülle - die ja zusammenfällt mit der Bescheidenheit des Verzichts: du triffst es doch nicht, Mann. Ich gestatte dir ein kleines Experiment und ein zärtliches Gespräch. Dann gehen wir beide unserer Wege. Du zurück in das Gefängnis deiner Phantasie, das von deinen Huren zu entvölkern du unfähig bleiben wirst und ich einen Schritt weiter auf dem Weg zur Entfaltung meiner ozeanischen Potenz: Komm nicht mit, du versänkest nur. Auf Wiedersehen, oder besser: Adieu!

Adieu - hat der liebe Gott sich wirklich der Welt durch eine Fehlkonstruktion empfohlen, als er Adam und Eva schuf? Indem er es vermied, die beiden einander als sexuelle Wesen zupaß zu schaffen? Das will mir nicht in den Kopf. Aber lassen wir den Herrgott beiseite. Es ist ja richtig, daß die Frauen gute Gründe hatten, Männern die sexuelle Ergebenheit aufzukündigen. Allzu lange war der weibliche Körper als Feld für patriarchale Projektionen und Politiken mißbraucht worden, irgendwann mußte frau ›Halt!‹ rufen. Aber rechtfertigt das einen Entwurf von geschlechtsspezifischer Sexualität, in dem das jeweils andere Geschlecht nur noch stört? Es ist nicht so, daß mir die Männer leid tun. Ich gönne ihnen eine verlorene Partie. Es ist vielmehr so, daß uns Frauen falsche Asse auf Dauer nichts bringen. Aus dem Feld schlagen müssen wir die Männer woanders - im Berufs- und öffentlichen Leben. Da wäre mir jede List, auch ein Betrug recht, da ist jeder Zentimeter Terrain ein Sieg, da geht es nicht ohne Verdrängungskonkurrenz (und den Verdrängten machen wir gern im Heim am Herd ein Plätzchen frei). Aber in der Sexualität? Sei Feminismus die legitime Neubelebung der weiblichen Egozentrik - müßte diese Egozentrik nicht fähig sein, sich im Mittelpunkt gewisser männlicher Wünsche zu akzeptieren und sogar nach der männlichen Potenz zu greifen wie nach einem Tribut, der ihr zusteht? Verzicht war doch die Parole, unter der das Frauenleben in der bürgerlichen Welt vor sich hin kümmerte - muß der Feminismus diesen Verzicht totalisieren, indem er die einzige Gabe, die das männliche Geschlecht dem weiblichen freiwillig darbietet, auch noch verschmäht?

Aber nun eins nach dem anderen.

Daß die Frauenbewegung im Recht war, als sie ›Halt!‹ rief, habe ich zugestanden. Nach ihrem ›So geht es nicht weiter‹ hätte frau verschiedene neue Ideen entwickeln können, die einer weiblichen Sexualität mit gar keiner oder höchstens marginaler männlicher Beteiligung war nur eine unter möglichen anderen.

Für Mehrheiten aussichtsreicher wäre es gewesen, *Egalität* im Namen und im Zeichen des Sexus zu probieren. Das hätte verlangt, die Ungleichgewichte, die durch die männliche Vorherrschaft hineingekommen sind, zu entfernen, anstatt sie durch ebenfalls einseitige ›weibliche‹ Subversion zu verdoppeln. So ein Weg hätte - ich sag's mal in einer zwar angestaubten, aber immer noch würdevollen Terminologie - zu einer Konzeption von Sexualität als ›*Einheit männlich-weiblicher Aktivität und Passivität*‹ führen können und damit weg von einer Isolierung der Geschlechter gegeneinander und hin zu einer Relativierung der jeweiligen geschlechtlichen Besonderheiten *als Festlegungen* (als ›Schicksal‹ im Sinne Freuds). Er hätte die überkommene Praxis zu kritisieren gewußt als Vereinseitigung, Reduktion, Armut und Feigheit - und nicht als ›männliche Sexualität‹ (deren mangelnder Effekt auf die Frauen dann durch das Gegenkonstrukt einer besseren ›weiblichen‹ Sexualität ausgeglichen werden mußte).

Ich behaupte, daß die Sexualität ›eigentlich‹ nach den Bedürfnissen beider Geschlechter eingerichtet ist, daß sie die des einen nur stillt, wenn sie auch die des anderen befriedigt. Wenn das stimmt, dann kann es eine geschlechtsspezifische Sexualität nicht geben. Sind wirklich *beide* Geschlechter vertreten in diesem Raum für Lust und Schmerz, den wir Sexualität nennen, vertreten mit all ihren Ansprüchen, ›Rechten‹, Bereitschaften und Fähigkeiten, dann kann nicht das eine beraubt werden, ohne daß das andere einen Verlust erleidet. Es wäre dann unmöglich, Frauen um ihre Lust zu betrügen, ohne auch den Männern etwas zu stehlen, genauso wie es nicht anginge, *nur* den Männern oder *nur* den Frauen apart ihre Erfüllung zu reservieren. Es könnten entweder *nur* beide Geschlechter diesen Raum durchmessen oder keines (jedenfalls was die ganze Dimensionalität dieses Raumes betrifft). Lust wäre unteilbar.

Hätte der Feminismus die Kritik in diese Richtung getrieben, dann hätte er den Männern eine Vorstellung davon vermittelt, *wieviel* ihnen entgeht, wenn sie den Sex zu einem Herrschaftsverhältnis degradieren, Frauen also das Recht bestreiten, ihre Wünsche anzumelden und auf Erfüllung zu drängen. Denn jeder erfüllte Weiberwunsch müßte, wenn meine Voraussetzung stimmt, auch den Männern etwas schenken.

Wie sehen sie aus, die Wünsche der Frauen? Der ›Entwurf‹ schließt Männer, so wie sie bis heute oder bis vor kurzem waren, als geeignete Erfüller aus; er verlangt weibliche oder gewandelte männliche Liebhaber. Daß die Männer sich wandeln müssen, wenn sie als Liebhaber wieder in Frage kommen wollen, scheint mir eine legitime Forderung. Aber in welche Richtung soll dieser Wandel gehen?

Der ›Entwurf‹ bleibt an dieser Stelle vage. Ein Mehr an Einfühlung wird den Männern einerseits abverlangt, andererseits nicht zugetraut. Im Grunde bleibt die feministische ›weibliche Sexualität‹ feindlich gegen den Mann gekehrt: sie will ihm bedeuten, daß es so nicht weitergehe und ihn zugleich im Unklaren lassen über die einzuschlagende (neue) Richtung.

Rachebedürfnis und ein verständlicher Haß gegen die männliche Arroganz mag diesen Tenor des ›Entwurfs‹ hervorgebracht haben. Die beabsichtigte Wirkung ist eingetroffen: viele Männer fühlen sich ›irgendwie verunsichert‹. Natürlich macht es Spaß, zu erleben, daß diese Wichtigtuer nicht weiter wissen, aber auf die Dauer ist so ein Spaß ein schlechter Ersatz für einen kunstfertigen Liebhaber. Versuchen wir also die Richtung, in die die Männer sich wandeln könnten/sollten, anzugeben - wir werden dann, indirekt, wieder bei den Wünschen der Frauen ankommen.

In der Sexualität stehen die Geschlechter in einem *wechselseitigen Abhängigkeitsverhältnis* zueinander (dies meine These, s. o.). Ein wechselseitiges Abhängigkeitsverhältnis kann nicht zugleich ein Herrschaftsverhältnis sein - es sei denn in dem Sinn, daß je ein Geschlecht vom anderen oder beide von der Sexualität beherrscht werden. Das Patriarchat hat es bekanntlich fertiggebracht, das Verhältnis asymmetrisch zu verzeichnen und Herrschaft hineinzutragen. Es hat die männliche Dominanzgier nicht mal da haltmachen lassen, wo sie sich selbst, bzw. dem männlichen Geschlecht insgesamt, *schadet.* Die Unterwerfung der Frauen als sexuelle Wesen hatte also ihren doppelten Preis. Was die Frauen zahlten, wissen wir: sie gaben ihr Begehren, ihre Aktivität und anteilweise ihre Lust drein. Und die Männer? Die Kosten, die ihnen entstanden sind, können wir an der Liste der von Frauen gebrachten Opfer ablesen. Insofern Männer zu selten begehrt, zu selten aufgefordert, zu selten Provokateur und Zeuge von weiblicher Lüsternheit werden konnten, zahlten sie durch Verkümmerung ihres Narzißmus, ihrer Passivität und ihres Sexstolzes, soweit der durch das Lustverschaffen genährt wird. Und da diese Kosten auch den Frauen etwas wegnehmen (was soll frau von einem Liebhaber halten, der sich ihr nicht überlassen kann? dessen eigene Erregung nicht davon abhängt, daß er selbst Begehren erzeugt und Lust gibt? usw.), wie überhaupt in der Sexualität jedes Defizit der einen Seite als Verlust der anderen wiederkehrt, da diese Kosten auch bei Frauen zu Buche schlagen, scheint mir eine Wandlung der Männer hin zu mehr Narzißmus, Stolz und Passivität (nicht im Sinne von Indifferenz, sondern von genußvollem Mit-sich-machen-Lassen) angezeigt.

Wenn wir aus diesen Wandlungsvorstellungen die Wünsche der

Frauen erschließen dürfen, so können wir sagen: Frauen (als autonome, ihrer Wünsche und Fähigkeiten bewußte Liebhaberinnen) wollen ihr Begehren fühlen bzw. es ›abwarten‹ und es dann *zeigen* können (zwischen ›haben‹ und ›zeigen‹ besteht ja ein Zusammenhang dergestalt, daß ein Begehren, das nicht ausgedrückt werden darf, sich nicht entwickeln mag, also letztlich gar nicht existiert); sie wollen aktiv sein können, also nicht nur reagieren, sondern auch zu Reaktionen treiben; sie wollen ihre Lust haben. Dieser letzte Punkt ist zugegebenermaßen kitzlig. Aus der Schwerbestimmbarkeit der Agentien, die die weibliche Lust von der Ankündigung bis zum Erscheinen führen, bezieht der feministische Entwurf eines weiblichen Sex mit eigenen Gesetzen seinen breiten Kredit. Wenn es mir gelingt, diesen Punkt ein Stück weit zu klären, dürfte ich meine These von der ›Sexualität als Raum für beide Geschlechter oder für keines‹, von wirklicher Lust also als ›unteilbarer‹, belegt und damit den Phantomcharakter der sogenannten weiblichen Sexualität deutlicher gemacht haben. Ich versuch's.

Zentrale These des ›Entwurfs‹ in den frühen siebziger Jahren war die *Relativierung des Penis.* Er sei für die Befriedigung der Frauen zweitrangig oder sogar ungeeignet. Inzwischen darf der Penis mit weiblichen oder männlichen Zungen, Fingern oder Kunstgliedern als gleichberechtigtes Liebeswerkzeug konkurrieren. Seine *dominante* Rolle für die weibliche Lust hat er, wenn ich das richtig sehe, in der Programmatik der verschiedenen Avantgarden, die sich zu diesem Thema äußern (von der Frauenbewegung über die gays bis zu den Alternativen und sonstigen Subkulturen) aber eingebüßt. Was die Sexpraktiken im engeren Sinn betrifft, so mag es sein, daß jenseits der sogenannten Penetration[1] andere Varianten eine größere Verbreitung gefunden haben. Umso besser: Experimentierlust ist auch beim Sex die Mutter von Entwicklung und Verfeinerung. Wenn wir jetzt aber Sexualität im Sinne des feministischen Entwurfs als ein menschliches Verhaltens- und Ausdrucksfeld mit seinen sozialen Normen, seinen symbolischen Mitteilungsweisen und seiner psychischen Dynamik betrachten wollen (und nicht bloß die Techniken im engeren Sinn), dann müssen wir anders gewichten.

Ich habe die vorstehenden Sätze niedergeschrieben, um einem Mißverständnis vorzubeugen: Variantenreiche Praktiken und sogenannte Perversionen - es kann von mir aus nicht genug davon geben. Sie tragen gewiß noch am ehesten dazu bei, daß sich eine ›sexuelle Kultur‹ entwickeln kann. Immerhin erfordert ihre Ausführung ein bewußtes Umgehen mit den Bedingungen der Lust - eine ›conditio sine qua non‹ für ›Kultivierung‹. Vielfalt und Finessen sprechen aber nicht gegen die Existenz eines organisierenden Zentrums, eines Schwerpunkts oder eines Grundmusters, im Gegenteil - sie setzen so ein Zentrum sogar voraus (indem sie sich variierend, pervertierend, verschiebend oder sonstwie verfremdend immer wieder darauf beziehen). Der ›Schwerpunkt‹ nun, nach dem das weibliche Begehren strebt, ist, behaupte ich, der *Penis*. Ihm fällt das entscheidende Gewicht zu bei der ›Konkurrenz‹ um die Befriedigung des Triebs der Frauen. Es lag nicht an diesem Organ, daß die Frauen so große Schwierigkeiten hatten (und haben), ihre Lust im heterosexuellen Koitus zu finden, es lag auch nicht an der Existenz oder der Dominanz der angeblich penis-fernen Klitoris.

Es lag und liegt an der patriarchalen Asymmetrie, die die Sexualität sozusagen schief aufgehängt hat und es beiden Geschlechtern nahezu unmöglich macht, zu geben *während* sie nehmen und das jeweils andere Geschlecht als polaren Gegensatz im Sinn von Ergänzung, das eigene damit immer als durch das andere definiert, herausgefordert und relativiert zu sehen. Als ich kürzlich einem Freund auf die Frage, was denn Frauen für ihre Befriedigung brauchten, antwortete: den Penis[2], fing ich mir sofort den Vorwurf des ›*Phallozentrimus*‹ein (von einem Mann!). Ich sagte darauf, ich könne nichts dafür, es sei die Sexualität, die ›phallozentrisch‹ sei. Nun ist sie das ja nur zur Hälfte; sie ist ebenso ›*vagina-zentrisch*‹. Eigentlich sollte ich das nicht betonen müssen, weil ja das eine Genitale ohne das andere gar nichts ist. Das eine *macht* das andere. Der Phallus wird nur er selbst beim Anblick, bei der Erwartung oder der Vorstellung der Vagina - oder eines Äquivalents, sei das nun die hohle Hand, der Mund oder meinetwegen die Kniekehle. Er bleibt nur er selbst, solange er von der Vagina (oder einem Äquivalent) umschlossen ist. Insofern kann man sagen, daß der Phallus das Produkt der Vagina ist, daß sie ihn hervorbringt (das tut sie buchstäblich), daß sie ihn schafft (das tut sie in der doppelten Bedeutung dieses Ausdrucks). Die Vagina ist ihrerseits das Produkt des Phallus, sie ist nur sie selbst beim Anblick, bei der Erwartung oder der Vorstellung des Phallus - oder eines Äquivalents, sei das ein Finger, eine Zunge oder ein künstliches Glied. Der Phallus kreiert sie - indem er sie dazu bringt, sich zu öffnen; und sie bleibt nur sie selbst, sich weitend und saugend, solange der Phallus (oder ein Äquivalent) vor oder in ihr ist.

Das klingt sehr einfach, ist es aber nur, solange das Bewußtsein der Beteiligten eine Gleichwertigkeit der Geschlechter und ihrer Organe voraussetzt und diese Gleichwertigkeit durch seine sexuelle Praxis bestätigt. Bekanntlich existiert diese Voraussetzung nicht. Das männliche Geschlecht überschätzt das, was es hat und geben kann und unterschätzt das, was ihm fehlt (was das weibliche besitzt); das weibliche überbewertete das, was ihm fehlt - und hat nun, in seiner Rebellion als Frauenbewegung, dieses zu hoch Bewertete in einer Überreaktion zu einer einzigen Dysfunktion erklärt - und unterbewertete das, was es besitzt. Der Ausweg aus dieser problemträchtigen Lage ist nun, meine ich , *nicht* eine Verschiebung der Asymmetrie ›zugunsten‹ des Weiblichen (diese falschen Asse korrumpieren auf lange Sicht das ganze Spiel), sondern eine Wiederherstellung von Symmetrie, von Egalität.

Das will wohl verstanden sein. Zur ›Symmetrie‹ gehört nicht nur, daß jedes Geschlecht stolz auf seine Eigentümlichkeit ist, die des anderen als eigenen Mangel begreift und begehrt und so als der eigenen gleichwertig anerkennen kann - dazu gehört auch, daß jedes Geschlecht ein praktisches Bewußtsein davon erwirbt, daß es *nicht nur* auf die eigene Besonderheit im Sinne einer Beschränkung festgelegt ist, sondern daß es die Möglichkeiten des anderen als eine Art *Schattengeschlecht* in sich hat.

Diese Voraussetzung für einen Rollentausch im Sex macht die Grenzen zwischen den Geschlechtern *fließend:* und nur dadurch, daß sie fließen, können sie auch wieder *fest* sein. Nur dadurch, daß der männliche Part den weiblichen als eigene Möglichkeit ahnt (und sogar tatsächlich nachahmt), kann er seinen als unterschiedenmännlichen (und damit auch reduzierten) wahrnehmen und ausspielen. Nur dadurch, daß die weibliche Sexualrolle die männliche sozusagen im Blut hat, kann sie ihre Weiblichkeit als Pol und als Beschränkung (im Sinne von Konzentration) fühlen und genießen. Männer, die in der Liebeskunst als bewandert gelten dürfen, haben fast immer ihre ›weiblichen Seiten‹. Meistens verstehen sie etwas von Passivität, d. h. sie können weibliche Aggression goutieren, können ›Lust empfangen‹. Wer als Mann die Wonnen der Hingabe nicht kosten durfte, sucht sich selten ausreichende praktische Gelegenheit, um es in der Ars amandi zu etwas zu bringen. Für Frauen gilt, mit umgekehrten Vorzeichen, dasselbe.

Man könnte auch so sagen: die (in bezug auf Sex) sehr ›männlichen‹ Männer und sehr ›weiblichen‹ Frauen, die wirklich erfahrungsfähigen Liebhaber und Liebhaberinnen mit Phantasie im Leib, sind meist irgendwie *bi* - dabei mag sich die Homoerotik auf die eigene Person, auf das narzißtische Wohlgefallen an der Erregung, die der eigene Körper hervorruft, beschränken und beschränkt sich auch meist darauf. (Diese Art von Narzißmus ist traditionell bei Frauen überernährt und bei Männern oft gar nicht vorhanden, während die Bereitschaft, die Reize des anderen Geschlechts mit allen

Sinnen zu ertasten, bei Frauen i. a. unentwickelt ist und bei den Männern bis zur Überschreitung jeglicher Dezenz aufgeschwollen - Folgen der männlichen Übermacht.)

Ein anderes Beispiel für diese ganz besondere Symmetrie, in der die beiden Seiten einander nicht nur gegenüberstehen und ›ergänzen‹, sondern einander auch ersetzen können, ist dies: während des Akts, wenn er gelingt, ist es den erigierten Sinnen nicht mehr recht möglich zu unterscheiden, welcher Körper der weibliche, welcher der männliche ist, wo der Phallus beginnt und wo die Vagina aufhört. Diese Grenzverwischung ist dann wieder die Grundlage für eine *entschiedene Identifikation* mit dem je eigenen Geschlecht in *den* Momenten des Koitus, die diese Identifikation erfordern: bei Beginn und Ende. Oder so herum: eine radikale Feminisierung der Frau und Maskulinisierung des Mannes ist an bestimmten Wendepunkten des Liebesakts sozusagen das Sprungbrett zur Sphäre der Verflüssigung der Grenzen, ja weiter bis hin zu einem Tausch, zu einer Feminisierung des Mannes und einer Maskulinisierung der Frau. Das Schema ist schlicht, aber die Praxis ist schwer. Überall stört die Rollenborniertheit.

Die Frauenbewegung hat etwas von der Notwendigkeit, das (konträre) Schattengeschlecht im eigenen zu entwickeln, früh gespürt und sich folgerichtig auf die Klitoris als weibliches sexuelles Zentrum kapriziert. Die Existenz dieser geheimnisvollen, nichtbiologisch-funktionalen Lustzone ist ein gutes Indiz für den ›Doppelcharakter‹ des einzelnen Geschlechts. Anstatt aber nun die Klitoris als Beweis für die Dysfunktionalität der ›Penetration‹ ins Feld zu führen, hätte frau (bzw. hätten Frauen *und* Männer) nach einem männlichen Äquivalent für die Klitoris, also nach einer Art anatomisch vielleicht nicht vorhandenen, orgasmusphysiologisch aber bedeutenden männlichen Vagina suchen sollen. Ich bin überzeugt, daß es sie gibt - und sei es nur als psychische Repräsentanz. Aber niemand traute sich an dieses Tabu, an die Feminisierung der Männer, heran, an ein Tabu, das zu den ältesten Garanten des Patriarchats zählt. Was wäre denn das Produkt einer ›Feminisierung‹ des Mannes? Nicht der Softie - der bestand ja nur aus der alten Freudschen Frage: ›Was will das Weib?‹ und verlegte sich sicherheitshalber ganz aufs Streicheln. Nein, Feminisierung der Männer im Sinne einer Aktivierung des ›Schattengeschlechts‹ meinte eine Einübung in *Passivität*, in die Fähigkeit, Lust zu *empfangen* (anstatt sie immer nur zu ergattern). Wäre diese Einübung gelungen, so müßte (wegen der Abhängigkeit des sexuellen Selbstbewußtseins von der Aktivierung des ›Schattengeschlechts‹) zugleich die Maskulinität an Kontur gewinnen. Die ›Empfängnisfähigkeit‹ (von Lust) wäre gleichsam die latente andere Seite der manifesten männlichen Aggressionslust im Sex. Die raffinierteren Hommes à femmes übrigens wissen das und kultivieren ihre zarteren Reize.

Die männliche Aggressionslust war es, vermute ich, mit der sowohl der Feminismus als auch die lernbereite Männerwelt nicht fertig wurden. Zu tief hatte sich der Mann als Notzüchtiger und Prügler diskreditiert, als daß seine Aggression da, wo sie einen ›Sinn‹ hätte, von den verletzten Frauen und den ›verunsicherten‹ Männern noch hätte akzeptiert werden können. Dabei ist Aggression eine unverzichtbare Bedingung sexueller Lust. Für beide Geschlechter. Hier bietet ihrerseits die Sexualität eine Möglichkeit für Sublimierung an: unter *ihrem* Gesetz ist eine ›*nützliche*‹ Aggression möglich. Hier dient die Aggression unmittelbar dem Frieden (der Befriedigung). Es ist allerdings womöglich schwierig, sie ›richtig‹ zu handhaben. Schwierig ist es auch, ohne Empörung oder ohne therapeutische Neutralität von ihr zu reden. Erscheint es doch wie ein Hohn auf die vielen vergewaltigten und mißhandelten Frauen, männliche sexuelle Aggression in Worten oder Taten zu stimulieren.

Zunächst: die Brutalität eines Vergewaltigers (schon gar eines Prüglers) dürfte nicht als *sexuelle* Aktivität angesehen werden; die Männer bestehen auf dieser Interpretation, um sich zu salvieren, sie wissen selbst am besten, daß ihre Motive mit Geschlechtsliebe nichts zu tun haben. Sodann: die Kritik an der Verwahrlosung der sexuellen Sitten, soweit sie von den Männern bestimmt werden, der Aufstand gegen das Elend im Doppelbett, so berechtigt er ist - er führt zu nichts, wenn er auf irrealen Voraussetzungen aufbaut. Die Idee einer fließenden femininen Sexualität, die das erotische Ritual mit seiner (für beide Geschlechter) bedrohlichen Verführung zur orgiastischen Grenzüberschreitung in eine kantenlose Harmonie umschwindeln wollte, ist irreal. So einfach ist Lust nicht zu haben - der ›Frieden‹ (die Befriedigung) kostet sein Risiko, verlangt seine Militanz. Statt die Aggression als maskulines Übel eliminieren zu wollen, hätten die Frauenbewegung und die Erben der sexuellen Revolution lieber nach neuen Normen und Ausdrucksweisen suchen sollen, die es den Frauen erlaubt hätten, ihre sexuelle Aggression zu äußern.

Aggression im Sex ist kein männliches Monopol. Es gibt genügend Mythen oder mythische Bilder, an denen abzulesen ist, daß ein kollektives Bewußtsein von weiblicher sexueller Aggression existiert: von der Amazone bis zur Vagina dentata. Wahrscheinlich war es erst die moderne bürgerliche Gesellschaft mit ihrer Neigung zur

Verhäuslichung der Frauen, die den weiblichen Sexus so nachhaltig kastriert, so erfolgreich das Modell einer zahnlosen weiblichen Sexualität implantiert hat, daß wir inzwischen selbst dran glauben. Das männliche ›Schattengeschlecht‹ in uns gestattet uns die direkte Aggression ebenso wie uns die manifeste Weiblichkeit ihre eigene ziehende, schlingende Gewalt mitgegeben hat. Unsere (der Männer *und* Frauen) Tendenz, Aggression allein mit dem männlichen Geschlechtsorgan zu identifizieren (vgl. Anmerkung 1, S. 124), überhaupt die primitive Überschätzung dieses Organs, zeigt mir, daß das Bewußtsein von Sexualität, das in unserer Kultur vorherrscht, auf einer infantilen Stufe hockt. Nur weil sich der Penis besser in die Hand nehmen läßt, weil er besser zu sehen ist, soll er *allein* die Inkarnation des Sexus sein? Kleine Kinder lassen ihr Vorstellungsvermögen von dem leiten, was auf der Hand liegt, für sie ist größer = besser. Erst allmählich lernen sie, in Verhältnissen und Wechselbeziehungen zu denken, mit Gegensätzen und Widersprüchen in ihrem Kopf zurechtzukommen und auch das nicht unmittelbar Sichtbare in ihre Urteile und Absichten einzubeziehen. Wie lange wird es dauern, bis wir als sexuelle Wesen erwachsen werden?

Weibliche Aggression - sie kann sich erst ausbilden als sexuelle Aktivität, als Farbe, als Akzent in der Erotik, wenn die Männer ihre ›Einübung in die Passivität‹ begonnen haben, soviel ist klar. Die wechselseitige Abhängigkeit, in die die Sexualität die Geschlechter bannt, setzt dem guten Willen des je einzelnen Geschlechts, sein Verhalten zu ändern, Grenzen. Der Rückzug der Frauen auf sich selber - in allen anderen Belangen eine wichtige Voraussetzung für die Neubelebung weiblicher Egozentrik - war in der Sexualität von recht beschränktem Gewinn: gemeinsames Drüberreden mag guttun, aber dann? Die Frauen entdeckten die Klitoris, aber sie wendeten diese Entdeckung nicht ins Psychische. Sie hätten sie ausnutzen können zur Erprobung (hetero)-sexueller Aggressivität. Stattdessen ging es einzig darum, dieses Organ zu umhegen, es in die alte, langweilige weibliche Passivität (die natürlich ihre Schönheit hat, die aber allein, ohne aktiv-aggressiven Kontrapunkt, quasi leerläuft) einzugemeinden. Der klitorale Orgasmus ist das Produkt einer Reizung, die mit äußerster Delikatesse besorgt sein will. Der Mann (soweit er überhaupt in Betracht kam), seiner Aggression sich schämend, erlernte diese Kunst, und was dabei herauskam, war dann wohl der Softie. Nichts gegen Männer (und Frauen), die sich in Feinheiten auskennen; aber mit der Dialektik nimmt es sozusagen beim Sex kein Ende. Ich habe den Verdacht, daß nur diejenigen, die auch die rohen Sachen machen, für die ausgekochten richtig passen.

Die ›weibliche Sexualität‹ in der feministischen Utopie, die große Lustflut usw.: das war eine vereinseitigende Radikalisierung der weiblichen Rolle, der weiblichen Physiologie, ein leerlaufender Narzißmus, der uns nicht weit trägt, ein Phantom. Den Männern als Sexwesen wurde die gesamte (desavouierte) Aggressivität zugeschoben und sie damit abgeschoben - es sei denn, sie erklärten sich bereit, zärtliche Dienstleistungen zu erlernen (eine Schule übrigens, die ihnen auch gut getan haben mag). Die Frauen erbten die ganze Grenzenlosigkeit, die ganze Bewußtseinsferne, die ganze Tiefe, und dünkten sich damit von den Männern unabhängig. Aber was ist ein Meer ohne Schiff?[3] Ja gut, die Piraterie der Männer war zu weit gegangen, sie verbot schließlich den Gedanken an eine Übereinkunft. Aber was ist mit dem weiblichen Trieb? Schließlich gibt es ihn wirklich. Wenn die Frauen nicht aufhören, sein Objekt zu entwerten, werden sie ihn schädigen, statt ihn zu entwickeln. Die Karikatur, die die Männer aus ihrer eigenen Sexualrolle gemacht haben, brauchen die Frauen nicht für die Grenze der Möglichkeiten ihres Triebs zu halten.

Die subkulturelle Atmosphäre, in der eine Diskussion wie diese gedeiht (und der wir auch manches wieder verdanken) ist einem Programm oder einem Gegenentwurf wie dem meinen nicht günstig. Aus der Kritik an der Leistungsgesellschaft und aus den Utopien der Alternativen hat sich eine pazifistische Trägheit entwickelt, die kaum noch etwas davon weiß, daß auch Frieden unversöhnlich sein kann und die sich zu Freude und Eierkuchen einen entschärften Sex wünscht, der leicht und locker nebenher zu machen sei. Daß dieses Idyll mit einer quasi-therapeutischen Dauernörgelei der Leute aneinander und mit der Mediatisierung aller Leidenschaften erkauft wird, weiß jeder. Dagegen steht der Traum von Spontaneität und Unmittelbarkeit, dessen Verwirklichung aber auch wieder nichts kosten darf, so daß er Traum bleibt, als solcher aber mächtig genug ist, den Kalkül und die Raffinesse in sexuellen Beziehungen, die da immer auch ihre Berechtigung haben, ja die eigentlich zu einer ›sexuellen Kultur‹ dazugehörten, dem Verdikt zu unterwerfen.

Aber abgesehen von der Subkultur - auch die breitere Zeitströmung scheint keine guten Bedingungen für eine ersprießliche Revolution der Geschlechterbeziehung zu bergen. Die Frauen sind zu tief getroffen und die Männer haben, als Geschlecht, zu große objektive Schuld auf sich geladen, als daß es gegen und miteinander in einem ›militanten Frieden‹ bald wieder ginge. Es ist womöglich unumgänglich, daß beide Geschlechter die Pause, die sie da voneinander nehmen, noch verlängern, bis, wenn es gut geht, irgendwann das eine dem anderen den begehrlichen Blick wieder glaubt. In dieser Situation mag sie ein Trost sein, die Idee einer spezifisch weiblichen Sexualität, einer weiblichen Fähigkeit zu einer unendlichen Kette von Höhepunkten - aber sie ist kein Ersatz für den *einen,* der eben deshalb wirklich einer ist, weil er genügt.

Anmerkungen

[1] Ein Wort, das mich immer geärgert hat, weil es auf doppelte Weise ein semantisches Unglück darstellt. Erstens trifft es die Sache nicht, ›Penetration‹ heißt *Durchdringung.* Nun dringt zwar der Penis *ein,* aber nicht mal der kräftigste kommt an einer anderen Stelle wieder heraus (erst das wäre dann eine Durchdringung). Zweitens: daß die ›Penetration‹ sich trotz der offensichtlichen Fehlbeschreibung des Vorgangs, den sie bezeichnen soll, als Wort so großer Beliebtheit erfreut, zeigt, daß die Feministinnen nicht weniger als der Machismo dazu neigen, dem männlichem Geschlechtsorgan eine magische Gewalt zuzusprechen.

[2] Die These von der heterosexuellen Genitalität als ›Grundmuster‹ impliziert, ich wiederhole es, *keine* Minderschätzung anderer lustbringender Techniken oder gar der Homosexualität. Sie stellt keine Hierarchie der Lüste oder der lustspendenden Organe auf. Sie fixiert nur das Zentrum, von dem sich die - dann autonomen - Varianten herleiten. Sie ist eine ›Strukturaussage‹, die allgemeine Geltung beansprucht, aber nicht mehr, d. h. keine Gültigkeit für jede/n einzelne/n.

[3] Wobei vorab klar ist, daß ein Schiff ohne Ozean erst recht nichts ist . . .

Editorische Notiz

Der Mythos von der Herbeiführbarkeit. Zur feministischen Diskussion um den Orgasmus zuerst erschienen in ›Freibeuter‹ 2, Berlin 1979

Ein Stück neuerer Weltlichkeit: der Kinderwunsch zuerst erschienen in ›Freibeuter‹ 5, Berlin 1980

Vergewaltigung und Sexualität. Versuch über eine Grenzlinie zuerst erschienen in ›Courage‹ 12, Berlin 1981

Über die Schönheit, die Demokratie und den Tod zuerst erschienen in ›Sex und Lust‹, Sonderheft Ästhetik und Kommunikation, Berlin 1981

Über die verlorene Erotik der Brüste zuerst erschienen in ›Weibliche Produktivität‹, Ästhetik und Kommunikation, Heft 47, Berlin 1982

»Von einem Silbermesser zerteilt - «. Über die Schwierigkeiten der Frauen, Objekte zu bilden, und über die Folgen dieser Schwierigkeiten für die Liebe aus: ›Liebesgeschichten‹, Hrsg. Christel Göbelsmann und Jochen Schimmang, Frankfurt/M. 1982

Der Ritter-Traum. Versuch über einen banalen Mythos: Beitrag für das Colloquium ›Mythos Frau‹ an der Technischen Universität Berlin im November 1982

Verschiedenheit und Gleichheit der Geschlechter: Referat an der FU Berlin im Rahmen der Veranstaltungsreihe ›Zukunft des Weiblichen‹, Februar 1983

Das Phantom ›weibliche Sexualität‹ zuerst erschienen in ›Freibeuter‹ 17, Berlin 1983

Foto: Werner W. Wille

Barbara Sichtermann

geboren 1943 in Erfurt, studierte Sozialwissenschaften in Berlin und Hannover, lebt heute als freie Publizistin in Berlin.
Erhielt 1985 den Jean-Améry-Preis für Essayistik.
Zahlreiche Veröffentlichungen und Rundfunksendungen; Mitherausgeberin der Zeitschrift ›Freibeuter‹.

Barbara Sichtermann

Vorsicht Kind!
Eine Arbeitsplatzbeschreibung für Mütter, Väter und andere
»Ein sehr wichtiges Buch, das aufräumt mit allen romantischen Vorstellungen von der Selbstverständlichkeit der ›Mutterliebe‹, die naturgemäß mit allem klarkommt.« EMMA
WaT 209. 112 Seiten

FrauenArbeit
Über wechselnde Tätigkeiten
und die Ökonomie der Emanzipation
»An diesen Aufsätzen besticht ihre brilliante Sprache und der gedankliche Aufbau. Oft scheint sie von relativ weit her zu kommen und landet dann doch ganz rasch am Punkt. Gerade diese Aufsätze hätten es verdient, auch von Männern gelesen zu werden.«
ANKE MARTINY-GLOTZ, SÜDWESTFUNK
WaT 144. 144 Seiten

Wer ist wie?
Über den Unterschied der Geschlechter
Mit diesem Buch über die ›produktiven Unterschiede‹ zwischen den Geschlechtern greift Barbara Sichtermann die immer noch offenen und vieldiskutierten Fragen der Emanzipationsbewegung auf: Sind Frauen gefühlvoller als Männer? Sind sie friedlicher, haben sie eine höhere Ethik?
WaT 153. 112 Seiten

Der tote Hund beißt
Karl Marx, neu gelesen
Die Autorin hat aus dem Gesamtwerk von Karl Marx eine Summe für den heutigen Leser gezogen: Marx als prognostischer Denker, scharfsichtiger Kritiker und begabter Schriftsteller.
»Das verbreitete Ressentiment, Marx sei ein schwieriger und deshalb unlesbarer Autor, hat Sichtermann aufs Schönste widerlegt.«
HANS-MARTIN LOHMANN, FRANKFURTER RUNDSCHAU
WaT 184. 176 Seiten